AF125877

Das Buch hielt mich bald gefangen und als ich erst zu lesen anfing, konnte ich nicht wieder stoppen. Pias Art zu schreiben ließ mich glauben, dass ihre Übungen mir helfen könnten. Ich konnte auch sehen, dass nicht nur ich Probleme habe.

Teenpower hat mir zu einem besseren Selbstwert verholfen, ich glaube jetzt mehr an mich und an meine Qualitäten. Ich bin fröhlicher und traue mir mehr zu als früher, als mein Selbstvertrauen gering war. Auch bin ich offener anderen gegenüber und ich bin ehrlicher zu mir selbst.

Ich glaube, dass alle Jugendlichen von einem Buch wie Teenpower profitieren können. Es hilft ihnen, ihren Selbstwert und ihre Lebensqualität zu steigern.

Ich glaube auch, dass Eltern Jugendlicher, die einen niedrigen Selbstwert haben, vom Buch profitieren können, weil sie sich in der Beziehung zu ihren Teenagerkindern oft frustriert und ohnmächtig fühlen.

Ida, 16 Jahre

Renate Götz Verlag

„Teenpower zu lesen war lehrreich. Ich habe angefangen darüber nachzudenken, wie ich meine Freundschaften und mein Verhältnis zu meinen Eltern verbessern könnte. Und das Buch hat mir dabei geholfen, das Verhältnis zu meinem Vater zu verbessern."

Stine, 17 Jahre

„Teenpower hilft einem daran zu glauben, dass man den ersten Schritt wagen muss. Man sieht, dass man nicht allein ist mit der Angst vor diesem und jenem. Angst haben alle. Ich habe gelernt, dass ich nicht sauer werden muss, wenn ich mir etwas nicht zutraue oder Angst habe. Jede/r hätte Freude an diesem Buch."

Marie, 16 Jahre

Pia Beck Rydahl

(geb. 1974) ist Teenager-Coach und Gründerin des Coaching- und Ausbildungsinstituts „Hverdagens Helte - Everyday Heroes", das Coaching für Jugendliche und deren Eltern anbietet. Sie war eine der Ersten in Dänemark, die Arbeitsmethoden für junge Menschen mit Selbstwertproblemen entwickelte und ist heute renommierte Trainerin für junge Leute. Seit 2006 wurde „Teenpower" einer der beliebtesten Teenager-Kurse in Dänemark. Pia ist Elternbildnerin mit einer Ausbildung in Familientherapie am Kempler Institut und in kognitivem Coaching bei Mindjuice, Dänemark.

Teenpower-Kurse

Teenpower ist auch ein Trainingsprogramm, das Jugendliche in ihrer persönlichen Entwicklung unterstützt. Es wurde in Dänemark entwickelt und seither mit hunderten Jugendlichen erfolgreich durchgeführt.
Nähere Infos auf www.familylab.at, www.familylab.ch, www.familylab.de

Pia Beck Rydahl

TEENPOWER
... geh DEINEN Weg!

Übersetzung aus dem Dänischen von
Christian Andersen

Das gesamte Verlagsprogramm findest du auf

www.rgverlag.com

Titel der Originalausgabe:
Teenpower - skab det teenageliv du drømmer om!
© by JP/Politikens Forlagshus A/S, Vestergade 26, DK-1456 København K, 2008
Autorin: Pia Beck Rydahl, Dänemark

Aus dem Dänischen übersetzt von Christian Andersen
Alle Rechte an der Übertragung ins Deutsche bei
Renate Götz Verlag, A-2731 Dörfles, Römerweg 6

4. Auflage 2023
Copyright © by Renate Götz Verlag
2731 Dörfles, Römerweg 6 . Austria
e-mail: info@rgverlag.com
www.rgverlag.com

Bildnachweis
Foto der Autorin © by Ninna Nisbeth, Kopenhagen
Cover Seite 1 unter Verwendung der Fotos
„dancing" © by iStockphoto.com/AYakovlev – Alexander Yakovlev
„grunge paint" © by iStockphoto.com/Andipanz – Andrea Gingerich
Fotos im Innenteil von und mit Jugendlichen:
© by Romy Altmann S. 22, Magdalena Blazek S. 36, Dominik Risavy S. 58, 138,
Benjamin Risavy S. 160
Hintergrund S. 188 „grunge paint" © by iStockphoto.com/Andipanz – Andrea
Gingerich
alle anderen Fotos im Innenteil © by Eva Denk

Layout, Cover- und Gesamtgestaltung sowie Bildbearbeitung
outLINE|grafik Eva Denk, 2340 Mödling . outlinegrafik.at

Produktion: OOK-Press Nyomda, Veszprém, Hungaria . ookpress.hu

ISBN 978-3-902625-14-4

Inhalt

„Das Buch hat mir geholfen, aus meiner ‚Geborgenheitszone' hervor-
zutreten. Es ist ein glaubwürdiges Buch und es ist klar erkennbar,
dass es nicht von einem alten, grauhaarigen Professor geschrieben
wurde."

Frederik, 17 Jahre

DU BIST VIEL MEHR, ALS DU SELBST GLAUBST...

Einleitung

Teenpower ist ein Buch für dich. Du bist jung und lebst in einer Zeit mit vielen Herausforderungen. Wenn du das Buch liest, kannst du dich selbst besser kennenlernen und deinen Herausforderungen gestärkt begegnen. *Teenpower* gibt dir Wissen, Tipps und Übungen, mit denen du ein besseres Selbstwertgefühl bekommen kannst. Du wirst viele Methoden kennenlernen, wie du deine negativen Gedanken zu positiven wenden kannst. Dadurch wirst du mehr Freude am Leben finden und diese Freude mit anderen teilen können.

Du wirst weiters das Geheimnis der Faulheit kennenlernen, wie du ins Schwarze triffst, wie du vom 10m-Brett springst und was dazugehört, um die Welt zum Freund zu haben.

Wie du das Buch nutzt, ist deine Sache. Vielleicht entscheidest du dich dazu, es nur zu überfliegen, um ein paar Tipps und Tricks zu sammeln, die du üben willst. Vielleicht schaust du nur die Überschriften an und beginnst die Teile, die dich ansprechen, zu lesen.

Aber ein Buch allein hilft nicht weiter. Ich bin der Meinung, dass man sich am besten helfen kann, indem man mit einem nahestehenden Menschen spricht. Wenn man über die eigenen Probleme und Gefühle spricht, können sich Gedanken entfalten, die einem zu neuem Wachstum verhelfen. Dieses Buch kann dir einen Kick in eine neue Denkrichtung geben und hilft dir damit, anders zu handeln.

Wer bin ich?

Noch vor wenigen Jahren glaubte ich, dumm, unintelligent und ein Nichtsnutz zu sein. Ich war davon überzeugt, dass ich in meinem Leben keinen Erfolg haben würde. Ich lebte das Leben, als wäre es ein Probelauf, gleich würde mein richtiges Leben beginnen. Trotzdem hatte ich die Hoffnung, mich eines Tages zu finden und festzustellen, dass ich mehr vermochte, als ich glaubte.

Als ich dieses Buch für dich zu schreiben begann, war ich besorgt. Ein gewöhnliches und ein wenig dummes Mädchen wie ich konnte doch kein Buch schreiben, dachte ich. Wusste ich genug, um so viele Seiten zu beschreiben? Außerdem hatte ich ja davor schon so viele Sachen begonnen, ohne sie zu Ende zu führen. Und was würde geschehen, wenn die Leute vom Verlag herausfänden, dass ich dumm bin?

Mein Kopf war voller Gedanken. Und das wurde erst nach den ersten Kapiteln besser. Ich entschied mich, das Buch zu schreiben, weil ich viel über mich und über Menschen im Allgemeinen gelernt hatte: dass negative Gedanken uns stoppen können, wir auf sie aber nicht zu hören brauchen. Wir brauchen diesen Gedanken nicht zu glauben und sie sind nicht immer wahr. Man kann sich einen Stoß geben und die Gedanken einfach sein lassen. Die Dinge nahmen ihren Lauf und mit der Zeit verschwanden meine Bedenken.

Es geht also nicht darum, ob du daran glaubst, dass du etwas Bestimmtes tun kannst, sondern darum, dass du es trotzdem tust. Das will ich dir mit diesem Buch zeigen.

In meiner Tätigkeit als Coach von Teenagern führe ich täglich Gespräche, in denen es darum geht, wie sich die Jugendlichen fühlen und was sie in sich entwickeln wollen. Welche Ziele sie haben und wie sie sie erreichen. Die Gedanken, Gefühle, Träume und Frustrationen der Jugendlichen inspirieren und berühren mich jeden Tag. Und oft fühle ich mich zurückversetzt in die Zeit, in der ich selbst Teenager war - so lange ist das auch nicht her.

Ich zog als 16-jährige Gymnasiastin von zu Hause aus. Rückblickend kann ich sehen, dass das zu früh war, dass Schulbesuch, Aufgaben und Schlaf zu kurz kamen. Ich zog mit meiner Freundin Helle zusammen und wir mussten selbst das Geld für die Miete verdienen, was nicht leicht war.

Ich erinnere mich an meinen Ärger über meine Mutter. Ich fand, dass sie mich einengte und zu neugierig war. Ich wollte in Ruhe gelassen werden, mir und anderen beweisen, dass ich selbstständig und stark sein konnte.

Ich glaubte, dass ich das durch mein Weggehen zeigen musste. Heute kann ich sehen, dass meine Mutter immer das Beste für mich wollte und ich ihrem Rat gegenüber nicht offen war.

Ich kann mich auch an meinen ersten Liebeskummer erinnern. Damals hatte ich meine ersten Selbstmordgedanken, weil ich dachte, dass alles egal sei und „dass sie es bereuen würden, wenn ich nicht mehr da wäre." Das war das erste Tief meines Lebens. Aber auch das überstand ich. Immer wieder saß ich ganz schön in der Patsche, weil ich nicht gerade das stillste Mädchen war.

Noch als 12-Jährige war ich immer das brave Mädchen der Klasse mit langem blonden Haar, einer riesigen Zahnspange und rot umrandeten Vergrößerungsgläsern vor den Augen. Was haben meine Eltern bloß gedacht, als sie mir eine rote Metallbrille mit superdicken Gläsern gaben? Mit dieser Brille sahen meine Augen aus wie die eines Fisches und damit wurde ich aufgezogen.

Nach meinen Jahren als braves Mädchen, das in der Schule tüchtig war, wechselte ich die Rolle. Nach außen mimte ich das „gleichgültige" Mädchen, das eine harte Sprache sprach und cool wirkte. Das wurde zu meiner Maske. Heute glaube ich, dass ich meine tiefe Verunsicherung verschleiern wollte. Ich konnte nicht so auftreten wie die Beliebtesten der Klasse, wollte aber durch Lügen beeindrucken, um Freunde zu bekommen.

In diesem Buch wirst du Hilfe für Situationen finden, in denen du gemobbt wirst. Du wirst auch Ideen dafür finden, wie du deine Eltern besser ertragen kannst. Du wirst auch mehr darüber lernen, welche Maske du trägst und was passieren kann, wenn du sie ab und zu ablegst.

Ich habe *Teenpower* geschrieben, weil ich weiß, dass Jugendliche weder zu verzweifeln brauchen, noch sich einsam fühlen müssen. Es gibt auch andere Wege. Alle können ein besseres Selbstwertgefühl bekommen und ich will dir mit diesem Buch einen Anstoß in Richtung eines gestärkten Selbstwertgefühls geben. Ich will dich dazu ermuntern, neue und mutige Schritte in deinem Leben zu setzen, damit du das tust, was dich wirklich interessiert. Alles Übrige hängt allein von dir ab.

Wie steht es um dein Selbstwert gefühl?

Worum geht es in diesem Kapitel?

In diesem Kapitel geht es um das Selbstwertgefühl. Du erfährst etwas über den Unterschied zwischen Selbstwertgefühl und Selbstvertrauen. Darüber, dass es nicht reicht, gut Tennis zu spielen oder in Deutsch gute Noten zu schreiben, um sich geborgen und wohl zu fühlen. Du kannst ein hohes Maß an Selbstvertrauen haben und dich trotzdem leer und traurig fühlen. Warum das so ist, kannst du hier lesen.

Was ist das Selbstwertgefühl?

Viele Menschen glauben, dass das Selbstwertgefühl etwas ist, das man hat oder eben auch nicht hat. Vielleicht hast du den Eindruck, dass du einen geringen Selbstwert hast. Selbst wenn das so ist, hast du immer noch die Möglichkeit, sicherer und stärker zu werden. Du kannst deinen Blick auf dich selbst ändern.

Manche behaupten, dass es ein langer, zäher Kampf sei, ein besseres Selbstgefühl zu bekommen. Ich glaube nicht, dass das stimmt. Ich glaube, dass es möglich ist, ein stärkeres und gesünderes Selbstbild zu bekommen, wenn man seine Gedanken über sich ändern will. Dabei geht es einem mit jedem Schritt besser. Der Selbstwert kann immer wachsen. Du kannst innerlich stark werden.

Die 16-jährige Cecilie erzählt uns über ihren Selbstwert:

Ich bin jetzt, wie ich bin. Ich habe damit aufgehört, mich zu produzieren. Zu viel Zeit habe ich damit verbracht, mich mit meinen Freundinnen und anderen zu vergleichen. Seit ich daran glaube, dass ich so sein darf, wie ich bin, habe ich nicht mehr das Bedürfnis, mich mit anderen zu vergleichen. Wuchs ein Pickel in meinem Gesicht, konnte ich früher eine Verabredung nicht einhalten – ich musste ja perfekt sein. Heute kann ich unfrisiert und mit Pickeln rausgehen und fühle mich damit wohl. Ich stand mir selbst im Weg, weil ich glaubte, dass niemand mit mir, so wie ich wirklich war, Zeit verbringen wollte. Es ist cool, dass ich diese dummen Gedanken jetzt im Griff habe, damit es mir nicht so schlecht geht.

Dein Selbstwert ist die Einstellung, die du zu dir selbst hast, und die Art, wie du über dich nachdenkst. Es ist der Wert, den du dir beimisst, und die Art, wie du dich siehst.

Du kannst z. B. folgende Überzeugungen haben:
• Ich bin ganz OK, so wie ich bin.
• Andere mögen mich.
• Ich bin ein guter Freund.
• Ich bin ein guter Mensch.
• Ich werde ein gutes Leben haben.
• Ich schaffe es.

Hast du ein geringes Selbstwertgefühl, glaubst du vielleicht Folgendes:
• Ich bin nicht gut genug.
• Etwas an mir ist falsch.
• Man kann auf mich verzichten.

- Ich bin es nicht wert, dass andere Zeit mit mir verbringen.
- Ich bin komisch und andere mögen mich nicht.
- Ich bin ein schlechter Mensch.
- Ich bin bedeutungslos.

Selbstwertgefühl
ist wichtig,
um an den Menschen,
der du bist, zu glauben.

wichtig!

Wir können unser Selbstwertgefühl nie ganz verlieren. Es kann aber so gering werden, dass wir unsere Lebensfreude verlieren. Im Leben jedes Menschen schwankt hin und wieder das Selbstwertgefühl.

Von Kindesbeinen an entwickelt sich dein Selbstwertgefühl. Deine Eltern, Lehrer und Freunde sind gemeinsam mit deinen vielen Erlebnissen daran beteiligt, dein Selbstwertgefühl zu formen. Positiv und negativ.

Zu Beginn deiner Teenagerzeit hat deine Persönlichkeit oft Wachstums-schmerzen. Deine Gefühle sind voll aufgedreht und du kannst innerhalb einer halben Stunde froh gestimmt, ängstlich, wütend und gereizt sein. Mit 17 - 21 Jahren kannst du deine Gefühle besser kontrollieren und wirst ruhiger. Warte aber nicht auf deinen 17. Geburtstag, bevor du etwas für dein Selbstwertgefühl tust. Du hast viele Möglichkeiten, dein Selbst zu stärken. Und wenn du bereits 18 bist und dein Selbstwertgefühl keinen Zentimeter größer ist als mit 14, brauchst du nicht frustriert zu sein. Aber lies weiter. Vergiss nicht, dass wir in unserem ganzen Leben Neues über uns selbst lernen. Wenn du willst, kannst du dich immer entwickeln.

Wie fühlt es sich an, ein starkes und gesundes Selbstwertgefühl zu haben?

Was du denkst

- Deine Gedanken über dich stärken dich und sind positiv - natürlich nicht immer, Stimmung und Gefühle schwanken.
- Du denkst darüber nach, was du aus deinen Fehlern lernen kannst.
- Du denkst: „Ich bin OK, so wie ich bin - mit allem, was ich kann und nicht kann."

Was du sagst/kommunizierst

- Du kannst über Fehler lachen.
- Du kannst Nein sagen, wenn du spürst, dass deine Grenzen überschritten werden.
- Du sagst, wenn du etwas brauchst.

Selbstwert

Was du fühlst

- Du kennst deine Gefühle.
- Du spürst, wenn du froh bist, und traust dich, Freude und Begeisterung zu zeigen.
- Du spürst, wenn du traurig bist, kannst es zeigen und darüber reden.
- Du spürst, wenn etwas weh tut. Z. B. wenn andere dich treten oder deine Grenzen überschreiten. Du kannst es ihnen sagen.
- Du hast Lebensmut und traust dich, Neues anzugehen.
- Du weißt, dass du innerlich in Ordnung bist, auch wenn du ängstlich und unsicher bist.

Was du tust

- Du achtest auf deine Mitmenschen und hast Lust und Zeit, für sie da zu sein.
- Selbst wenn du Angst hast, gehst du Probleme an.
- Du überzeugst dich selbst davon, dass du trotz Unsicherheit und Furcht Dinge verändern kannst.

Wir entwickeln uns ständig

Es wird wohl nie so weit kommen, dass du denkst: „Jetzt kann ich nichts mehr über mich und das Leben lernen." Die Welt ist nicht schwarz-weiß und so ist es auch mit dem Selbstwert. Auch wenn du stark bist, wirst du Tage erleben, an denen alles schiefgeht und dir jede Kleinigkeit nahegeht. Vielleicht gerätst du in Situationen, in denen du beginnst, an dir selbst zu zweifeln, und andere deine Grenzen überschreiten lässt.

Einen guten Selbstwert kannst du dein Leben lang entwickeln. Und das Leben ist voller Überraschungen und Herausforderungen, die mit einem starken Selbstwert leichter zu meistern sind. Es ist nicht so leicht, dich umzuwerfen, wenn du einen starken Kern hast.

Viele glauben perfekt werden zu können - ein Irrglaube. Sie glauben, dass sie in einer bestimmten Art und Weise sein und handeln müssten, und versuchen das ein Leben lang. Wie ist das bei dir?

Versuchst du auch perfekt zu werden? Kreuze an X

    ○ Ja   ○ Nein   ○ Ein wenig

Du bist innerlich ruhiger, wenn du einen guten Selbstwert und innere *Power* hast. Vielleicht bist du ein kleiner dicker Junge mit Pickeln, dem es einfach gut geht. Oder ein riesengroßes Mädchen, das Bälle weder werfen noch fangen kann und damit auch kein Problem hat.

Was ist Selbstvertrauen?

Selbstvertrauen ist etwas anderes als Selbstwert. Du verwendest dein Selbstvertrauen, um an das, was du kannst, zu glauben.

Wenn du z. B. in die Schwimmhalle gehst und weißt, dass du gut schwimmen kannst, dann ist das Selbstvertrauen. Und wenn es dir mit einer Deutschaufgabe gut geht, dann spürst du dein Selbstvertrauen.

Dein Selbstvertrauen wächst, wenn andere dich loben. Manche Dinge willst du immer besser machen, um Bestätigung zu bekommen. Viele Jugendliche wurden mit viel Lob erzogen. Vielleicht fühlst du dich nur dann gut, wenn du gelobt wirst. Wenn du das Lob, das du dir von deiner Mutter oder deinem Vater erwartest, nicht bekommst, glaubst du vielleicht, dass etwas nicht stimmt. Vielleicht denkst du auch, dass die eigenen Eltern auf jeden Fall loben, und du kannst dir deshalb nie sicher sein, ob sie es ehrlich meinen.

Wünschst du dir manchmal, etwas immer besser zu
können, um von deinen Eltern gelobt zu werden? Kreuze an ✗

○ Ja, dieses Gefühl kenne ich gut.
○ Manchmal geht es mir so.
○ Nein, ich mache Dinge meinetwegen.

SELBSTVERTRAUEN brauchst du,
um an das, was du KANNST,
zu glauben.

Vor- und Nachteile des Selbstvertrauens

Brauchst du immer mehr Lob? Willst du immer tüchtiger werden und die
besten Noten bekommen? Frustrieren und kränken dich mittelmäßige Noten? Bist du unzufrieden, wenn du beim Fußballspiel „nur" ein Tor schießt?
Oder findest du, dass du weniger taugst als die anderen in der Klasse?

Ein Grund dafür könnte sein, dass du glaubst, nur dann wertvoll zu sein,
wenn du erfolgreich bist. Dass du nur dann *gut genug* bist, wenn du ein
gutes Ergebnis lieferst. Das stimmt nicht. Du hast dich nur daran gewöhnt,
das zu glauben.

Du wirst nie mit dir selbst zufrieden sein, wenn du immer auf der Jagd
nach Lob und Aufmerksamkeit anderer bist - denk mal darüber nach. Von
Selbstvertrauen allein wird man nicht glücklich. Vom Selbstvertrauen
getrieben, muss es immer noch besser und noch schöner werden. So
kommst du nie ans Ziel, du wirst nie ganz zufrieden mit deiner Leistung
sein - deine Erwartungen an dich selbst werden immer höher geschraubt.

Was möchtest du am liebsten?

1 Eine Woche, in der du dich einfach, so wie du bist, OK fühlst? Du bist OK
und du brauchst nichts zu tun, um besser zu werden.

2 Eine Woche, in der dein Schulenglisch besser wird. Du kannst kleine
Siege feiern, aber nur in Bezug auf deine Englischkenntnisse. Du fühlst
dich nur gut, weil du im Moment gute Englischergebnisse erzielst.
Siehst du den Unterschied?

Zwei Beispiele:

Du bist ein guter Tennisspieler und gehst zum Turnier. Schon am Weg dorthin bist du dir sicher, dass du gewinnen kannst, weil du besser bist als dein Gegner. Du gewinnst, das Publikum applaudiert und du gehst nach Hause. Trotzdem bist du nicht froh. Gewinnen ist schön - das weißt du. Du kannst deinen Sieg aber nicht genießen. Im Gedanken kritisierst du alle kleinen Fehler: „Warum habe ich diesen und jenen Fehler gemacht? Ich hätte besser sein können. Gewonnen habe ich eher durch Glück als durch Können. Das nächste Spiel gewinne ich sicher nicht." Usw.

Du gibst eine Englischaufgabe ab und dein Lehrer stellt dazu Fragen, was dich irrsinnig nervös macht. Danach weißt du nicht, ob es gut oder schlecht gegangen ist. Du findest, dass eine schlechtere Note als 2 nicht gut genug ist. Du bekommst eine 1 und wirst von deinen Klassenkollegen gelobt. Auch zu Hause wirst du von deinen Eltern gelobt. Trotzdem fällst du in ein Loch. Du meinst, nicht gut genug gewesen zu sein. Du bist nicht zufrieden, obwohl du die Aufgabe sehr gut geschafft hast. Du glaubst, dass du dich mit einer noch besseren Leistung noch besser fühlen würdest.

Wie fühlt man sich mit geringem Selbstwert?

Ich versuche zu beschreiben, wie es dir mit geringem Selbstwert gehen kann. Das ist natürlich eine allgemeine Beschreibung, die nicht alle Erscheinungsformen geringen Selbstwertgefühls umfassen kann.

Einem Menschen mit geringem Selbstwert fällt es oft schwer, unbeliebt zu sein, kritisiert oder verlassen zu werden. Mit geringem Selbstwertgefühl hast du den Eindruck, oft kritisiert zu werden. Du bist sehr empfindlich, wenn andere etwas über dich sagen. Es ist dir wichtig, fehlerfrei zu arbeiten. Was andere über dich denken, beschäftigt dich sehr und du überlegst oft, wie du auf sie reagieren sollst.

Menschen mit geringem Selbstwert vergleichen sich oft mit anderen und ordnen sich dann über oder unter ihnen ein. Und wenn du davon überzeugt bist, nicht besser als andere zu sein, glaubst du an deine Wertlosigkeit.

Sportler, die sich nach einer Niederlage maßlos über sich selbst ärgern, haben oft ein starkes *Selbstvertrauen*. Dieses Selbstvertrauen hat dazu beigetragen, dass sie immer besser wurden. Wegen ihres schlechten *Selbstwertgefühls* können sie Fehlschläge nicht ertragen und fühlen sich wertlos.

Vielleicht bist du dir sicher, ein hübsches Mädchen mit gutem Stil zu sein. Wenn dann ein neues, in deinen Augen noch schickeres, Mädchen in deine Klasse kommt, rutscht du emotional in den Keller.

Selbstvertrauen allein genügt dir nicht. Du brauchst auch ein gutes Selbstwertgefühl, damit es dir gut geht.

Was funktioniert nicht in deinem Leben?

Du hast viel über Selbstvertrauen und Selbstwert gelesen. Vielleicht siehst du jetzt vor deinem geistigen Auge all die Situationen, in denen du nicht an dich geglaubt hast, oder denkst über all das nach, was nicht funktioniert hat?

Wenn du dich traust, dir gegenüber einzugestehen, was in deinem Leben *nicht* funktioniert, kannst du es leichter ändern.

Über diese Probleme haben mir Jugendliche erzählt:

- Ich bin traurig, weil mich niemand aus meiner Klasse zu sich nach Hause einlädt.
- Ich esse zu viel - auch wenn ich nicht hungrig bin.
- Ich fühle mich schwach, wenn Freunde mich zu etwas drängen, was ich gar nicht will.
- Ich hasse es, in der Schule nervös zu werden, zu schwitzen und zu stottern.
- Ich kann mit meinen Eltern nicht reden und fühle mich sehr einsam.
- In Mathematik bin ich nicht sattelfest und ärgere mich, dass ich nie aufzeige.
- Ich habe Freunde, die mir nicht gut tun.

Was funktioniert nicht in deinem Leben?

Folgendes funktioniert nicht:

_____

_____

_____

Ich habe es satt, wenn ich:

_____

_____

_____

Sonstiges, das nicht funktioniert:

_____

_____

_____

Was funktioniert in deinem Leben?

Wenn du in deinem Leben Probleme hast, kann es besonders schwer sein zu bemerken, was du eigentlich alles kannst. Alles ist beschissen. Wie du deine Situation einschätzt, hat viel mit deinen Gedanken zu tun, über die du später in diesem Buch noch lernen wirst. Wenn du über deine negativen Gedanken hinwegschaust und dich öffnest, wirst du immer Positives finden.

Setze dir die positive Brille auf und versuche dich zu öffnen. Was funktioniert in deinem Leben?

Was in meinem Leben funktioniert:

1 _____

2 _____

3 _____

4 _____

5 _____

Worauf kannst du stolz sein?

Viele Jugendliche beschäftigen sich vor allem damit, was an ihnen und anderen schlecht ist. Beschäftige dich mal damit, was du anderen bieten kannst. Dein Leben ist zu kurz, um ständig nur negativ von dir zu denken. Mit jedem positiven Gedanken wird es dir schwerer fallen, negative Gedanken zu denken.

Positive Gedanken haben viel mehr *Kraft* als negative. Wenn du erst deinen positiven Gedanken traust, wirst du selbst die schwärzesten Gedanken überwinden.

Würde ich dich treffen, würde ich viele Dinge in deinem Leben und an deiner Person sehen, auf die du richtig stolz sein kannst. Schau dir an, worauf du stolz sein kannst - das ist ein guter Einstieg in dein Training, mit dem du lernst, positiv über dich zu denken.

Worauf kann ich stolz sein?

Kreuze mindestens drei Dinge an, auf die du stolz sein kannst.

- ◯ Ich kann gut mit anderen plaudern.
- ◯ Ich kann anderen gut zuhören.
- ◯ Ich kann mich gut um andere kümmern.
- ◯ Ich kann schweigen, wenn andere sprechen.
- ◯ Ich bin humorvoll.
- ◯ Ich traue mich, meine Meinung bei einer Gruppenarbeit, in der Schule und in Diskussionen auszusprechen.
- ◯ Ich kann mich auf meine Intuition verlassen.
- ◯ Ich bin kreativ und habe gute Ideen.
- ◯ Ich kann verzeihen, wenn andere Fehler machen.
- ◯ Ich kann Projekte zu Ende führen.
- ◯ Ich traue mich, anderen gegenüber offen zu sein.
- ◯ Ich helfe anderen, sich wohl zu fühlen.
- ◯ Menschen kommen zu mir, wenn sie Unterstützung brauchen.
- ◯ Ich arbeite hart und manchmal schufte ich richtig.
- ◯ Ich bin geduldig.
- ◯ Ich akzeptiere andere so, wie sie sind.
- ◯ Die Leute vertrauen mir.
- ◯ Ich kann Geheimnisse für mich behalten.
- ◯ Ich bewahre Ruhe in stressigen Situationen.

○ Anderes?

_____

_____

_____

Was hast du in diesem Kapitel gelernt?

_____

_____

_____

Welche Schritte musst du setzen, um dein Selbstwertgefühl aufzubauen?

_____

_____

_____

_____

TEENTIPPS

Nach jedem Kapitel findest du Teentipps. Das sind Tipps und Ratschläge für dich und deine Entwicklung.

ı Vielleicht fürchtest du dich davor, wie sich dein Leben entwickeln wird, und fragst dich, ob du erfolgreich sein wirst. Wir haben alle solche Gedanken – denk daran, dass diese Gedanken nicht der Wirklichkeit entsprechen.

Wer bist **DU** eigentlich?

Worum geht es in diesem Kapitel?

In diesem Kapitel geht es darum, wer du bist und wie du Du sein kannst. Du kannst herausfinden, welche Rolle du spielst und ob du sein kannst, wer du sein willst. Weiters geht es darum, welche Konsequenzen es für dich und andere hat, wenn du bestimmte Rollen spielst. Was würde passieren, wenn du deine Maske fallen lassen und du Du sein würdest?

„Oh, du kleines dickes Schnuckiputzi"

Du warst einmal ein schreiendes, rosiges kleines Baby oder ein süßer, schlafender, pausbackiger Spatz. Du wurdest mit einer guten Portion Selbstvertrauen geboren und warst davon überzeugt, wunderbar zu sein. Deine Gefühle hast du frei ausgedrückt und hast geschrien, wenn du wütend oder traurig warst. Warst du froh, satt und glücklich, hast du allen zugelächelt. Babys sind offen und neugierig.

Kennst du Babys, die weinen und ihren Kopf abwenden, wenn sie z. B. satt sind? Das tun sie, weil Babys ihre Grenzen von Geburt an spüren. Sie haben ihre eigene Art, Nein zu sagen. Sie verwenden Mimik und Körpersprache, um anderen zu zeigen, was sie meinen. So war es bei mir und auch bei dir.

Du hast sicher süße Geschichten über deine frühe Kindheit gehört. Darüber, wie niedlich du warst, was du angestellt hast und wie du deine Eltern in den Wahnsinn getrieben hast. Sobald man sprechen kann und seinen Eltern widerspricht, ist man irgendwie nicht mehr so niedlich. Vielleicht fluchst du und hörst nicht mehr zu, was deine Eltern dir sagen. Du wirst immer mehr eine eigenständige Person. Du gerätst zunehmend in Situationen, in denen du dir selbst helfen musst. Alles, was du erlebst, speicherst du in dir. Das beeinflusst deine Gefühle und Gedanken auf deinem weiteren Lebensweg.

Wenn du, so wie du bist, meistens respektiert und akzeptiert wirst, wenn Erwachsene dich unterstützen, beeinflusst dich das positiv. Wenn du oft ausgeschimpft und in der Schule gemobbt wurdest und nie gelernt hast, auf dich zu hören und dich abzugrenzen, hat das sicherlich auch deine Persönlichkeit beeinflusst.

Wir sind aber auch sehr verschieden. Manche sind verletzlicher als andere. Wenn du und deine Freundin von jemandem gleichzeitig geärgert werdet, werdet ihr vielleicht ganz unterschiedlich darauf reagieren. Das heißt nicht, dass die eine klüger ist oder die andere schwächer. Ihr denkt nur unterschiedlich und habt in eurem Leben unterschiedliche Erlebnisse gehabt.

Deine Werte

In deiner Teenagerzeit brauchst du viel Zeit, um herauszufinden, wer du bist. Du vergleichst dich mit deinen Freunden und Mitschülern. Es kann sein, dass du erwachsene Vorbilder hast, von denen du etwas lernen kannst - was ich hoffe. Vielleicht sind dir auch Stars aus Film, Politik, Musik oder Sport wichtig. Egal, ob du zu Britney Spears oder zu Einstein aufschaust: Du suchst sicher nach ihren guten Seiten, nach den Seiten, die dir wichtig sind. Ob das nun ihre Persönlichkeit ist oder ihr Äußeres, bei Einstein wird es wohl nicht die Schönheit sein. Vielleicht träumst du davon, einmal genauso klug, schön, anziehend oder berühmt zu werden.

Alle deine Gedanken kreisen darum, herauszufinden, was dir im Leben wichtig ist. Gegen Ende deiner Teenagerjahre wirst du eine Identität geschaffen haben, in der Platz für alle deine dir wichtigen Ausdrucksweisen ist. Dabei findest du deine Werte und entdeckst, was für dich richtig oder falsch ist. Und langsam findest du heraus, nach welchen Werten du leben willst und welche du nicht gebrauchen kannst.

Deine Werte

sind alles das,
was du für richtig hältst
und nach dem
du leben willst.

Deine Erlebnisse mit anderen Menschen formen deine Werte. Wenn du beispielsweise geärgert wirst, kann es sein, dass es dir besonders wichtig wird, dass „man andere anständig behandeln soll". Hattest du einen Vater, dem sein Job wichtig war und der nach der Arbeit froh nach Hause gekommen ist, wird das dein Bild von Job und Karriere färben. Einer deiner Werte könnte dann sein, dass „man den Job wählen soll, für den man sich brennend interessiert".

Wie siehst du dich und dein Leben?

Wenn du versuchst herauszufinden, wer du bist, und darüber nachdenkst, was du für andere sein sollst, kannst du bei der Suche nach der richtigen Handlungsweise fast verrückt werden.

Wenn du keinen klaren Blick auf dich selbst hast, wird es dir schwerfallen, herauszufinden, wer du bist. Hattest du viele schlechte Erlebnisse, kann deine Sicht auf dich selbst verschwommen sein. Man sieht sich selbst durch ganz bestimmte Brillen. Die können blank geputzt sein, wodurch du eine positive Sicht auf dich selbst hast. Sie können aber nach all deinen Erlebnissen auch schmutzig sein. Vielleicht haben deine Eltern viel mit dir geschimpft oder du wurdest oft aufgezogen. Dann siehst du deine Mitmenschen vielleicht als unzuverlässig an oder hast den Eindruck, dass niemand mit dir zusammen sein will. Vielleicht hast du oft erlebt, dass du ein guter Freund sein konntest, und kannst jetzt von dir sagen „Ich bin ein guter Freund". Diese Gedanken beeinflussen deine Haltung.

Als ich in die Schule ging, fand ich Turnen furchtbar. Ich fühlte mich mit meinem langen, dünnen Körper ungeschickt. Oft tat ich, als ob ich krank wäre oder meine Turnkleidung vergessen hätte. Meine Sicht auf mich war: „Ich bin nicht gut genug!"

Durch meine negativen Gedanken fühlte ich mich unwohl und hatte immer weniger Lust, eine gute Turnerin zu werden. Ich gab auf und war nicht mehr neugierig. Was wäre geschehen, wenn ich mich doch noch wirklich bemüht hätte? Wenn ich einfach gedacht hätte: „Ich kann das lernen. Ich bin gut genug, so wie ich bin." Wie hätte das mein Erleben beeinflusst?

Übung zahlt sich aus

Damals habe ich mich dazu entschlossen, keine Sportlerin zu sein und das, was andere konnten, nicht zu beherrschen. Wenn ich heute beispielsweise Fußball oder Schlagball spiele, werde ich noch immer etwas nervös. Mir wird flau im Magen und ich habe Angst davor, dass andere mich auslachen und sich über meine Unbeholfenheit lustig machen. Das vergeht schnell, weil ich gelernt habe, dass ich von meiner Vergangenheit geärgert werde. Deshalb fällt es mir heute leichter, Spaß am Ballspiel zu haben.

Ich habe gelernt, dass ich OK bin, auch wenn ich Fehler mache. Und selbst, wenn ich den Eindruck habe, nicht gut genug zu sein, brauche ich nicht aufzugeben, sondern weiß, dass die Übung sich lohnt. Vielleicht bleibe ich für den Rest meines Lebens nervös, aber je mehr ich an mir arbeite, desto weniger nervös bin ich.

Wir alle machen Fehler. Wenn wir aus den Fehlern, die wir machen, lernen, entwickeln wir uns weiter. Du kannst aus deinen Fehlern mehr lernen, wenn du dich nicht schlecht machst. Wenn du die ganze Zeit denkst „Ich bin einfach so schlecht" und „Ich kann gar nichts", dann bringen dich deine Fehler kaum weiter.

Lern aus deinen Fehlern

An welchen Fehler kannst du dich gut erinnern?

_____

_____

_____

_____

Womit hast du nach diesem Fehler aufgehört?

_____

_____

_____

_____

Wie weichst du diesen Situationen heute aus?

_____

_____

_____

_____

Wie denkst du nach diesem Erlebnis über dich?

_____

_____

_____

Ist das die einzige Wahrheit über deine Person?

_____

_____

Bist du bereit, diesen Fehler loszulassen?

_____

_____

Louise, die in Englisch immer „schlechter" wurde

Louise ist 14 und findet, dass sie nicht gut in Englisch ist. Sie hasst die Englischstunden und würde am liebsten schwänzen.

Aber warum eigentlich? Was ist geschehen, dass es ihr so geht?

Wenn du es satt hast, etwas zu tun, dich unwohl fühlst, Dingen aus dem Weg gehst oder schwänzt, dann hat das immer eine Ursache. Etwas stand am Beginn deiner schlechten Gefühle.

In der 6. Klasse hatten alle im Englischunterricht einen Text gelesen. Die Lehrerin fragte, wer einen Satz übersetzen könne. Louise war sich ihrer Sache sicher und zeigte auf. Leider gab sie eine falsche Antwort. Offensichtlich war diese auch ein wenig lustig, denn die Lehrerin musste lachen und sagte: „Louise, das bedeutet der Satz nicht." Und ihre Klassenkollegen lachten auch. Louise dachte „Die finden mich dumm" und „Ich bin dumm". Sie wurde verlegen, rot im Gesicht und spürte, wie ihr Körper warm wurde. Sie schaute auf den Tisch, versuchte mitzulachen und so zu tun, als ob es sie nicht berühren würde. Aber das tat es.

Sie fasste innerlich folgende Beschlüsse:

- Ich sage erst dann etwas, wenn ich mir ganz sicher bin.
- Ich will von nun an vorsichtiger sein.
- Die anderen lachten, weil ich dumm bin.
- Meine Lehrerin lachte, weil sie meint, dass ich schlecht bin.
- Ich werde nie gut in Englisch.

Kennst du manche dieser Gedanken?

Diese Gedanken nahm Louise von nun an mit in die Englischstunden. Und langsam breiteten sie sich auch auf die anderen Fächer aus. Sie wurde zunehmend vorsichtig, zeigte seltener auf, war unsicher und hatte Angst, in den Englischstunden zu versagen. Sie dachte viel darüber nach, was andere von ihr hielten. Früher interessierte Louise sich für Englisch und fand die Stunden ganz OK. Durch diese Geschichte wurde ihre blankgeputzte Brille für das Positive in ihr schmutzig und sie schätzte sich und ihre Englischfähigkeiten anders ein.

Was siehst du, wenn du Louise mit deinen Augen ansiehst?

Siehst du, dass sie weder dumm noch schlecht ist? Dass es einfach ein Fehler war und sie OK ist, so wie sie ist? Dass sie sich nicht 100 Prozent sicher sein muss, um in der Stunde zu antworten? Und dass sie trotz ihrer Fehler vielleicht gut Englisch kann und sicher noch besser wird? Nimm diese Sichtweise und schau dich selbst genauso an. Wenn du deinen eigenen Reaktionen und Fehlern genauso verständnisvoll begegnest, stärkst du deinen Selbstwert.

Warum lernst du manches leichter als anderes?

Denk einmal über Folgendes nach: Wenn du lernst, deine Fähigkeiten einzusetzen, wenn du übst, aus deinen Erfahrungen lernst und nicht aufgibst, wenn du Herausforderungen annimmst, dann wirst du vieles gut können. Ich glaube aber nicht, dass wir Menschen alles gut können müssen. Wir haben unterschiedliche Fähigkeiten und interessieren uns für unterschiedliche Sachen. Du hast sicherlich auch schon herausgefunden, dass du dich mehr für Mathematik oder für Sprachen, Physik oder Geschichte interessierst. Und wenn dich etwas wirklich interessiert, dann wirst du es auch leichter lernen.

Du erinnerst dich vielleicht an Episoden, in denen du aufgegeben hast, genauso wie Louise. Vielleicht haben die sich in der Schule abgespielt, vielleicht anderswo. Es ist etwas geschehen, das dich verunsichert hat. Statt noch einmal Gas zu geben, um in dieser Sache besser zu werden, hast du die Handbremse gezogen. Das ist eine ganz natürliche Reaktion, aber oft ist sie hinderlich für unsere weitere Entwicklung.

Du hast viele Talente. Wie setzt du sie ein?

Jeder hat seine eigene Art, sich zu konzentrieren, eine Aufgabe zu machen, Neues zu lernen und sich Schwieriges zu merken. Es gibt eine Art, mit der du am besten lernen kannst, und es ist wichtig für dich zu wissen, was für dich gut ist.

Denk darüber nach, was du gut kannst:

_____

Wie bist du darin so gut geworden? Kreuze an ✗

Ja   Nein

○ ○ Hast du geübt?

○ ○ Hast du Pausen gemacht, in denen du dich bewegt hast?

○ ○ Hast du die wichtigsten Inhalte zusammengefasst, um einen Überblick zu bekommen?

○ ○ Hast du dir zuerst Bilder oder Filme zur Inspiration angesehen?

○ ○ Hast du dich zusammengerissen und in den sauren Apfel gebissen?

○ ○ Hast du jemanden gefunden, der dir beim Lernen geholfen hat?

○ ○ Hast du einfach daran geglaubt, dass du es kannst?

○ ○ Hast du Kapitel für Kapitel gelernt?

○ ○ Oder hast du am besten gelernt, weil du das Ziel und den Weg dorthin gut gekannt hast?

○ ○ Hast du einen Plan erstellt? Z. B. womit der Aufsatz enden sollte oder wie das Mathematikbeispiel aufgebaut werden könnte?

○ ○ Hast du vor oder während der Arbeit Musik gehört?

○ ○ Hast du während des Lernens etwas berührt? Ist dein Tastsinn besonders empfindlich?

○ ○ Hast du trotz der Schwierigkeiten nicht aufgegeben?

Welche Methoden oder Techniken hast du benutzt, um das zu lernen, was du jetzt gut kannst?

_____

_____

Mit welcher Methode lernst du am besten?

Wie kannst du das Wissen darüber, wie du am besten lernst, nutzen?

Versuche, dein eigenes Rezept dafür zu finden, wie du am besten Neues lernst. Vielleicht solltest du deinen Eltern und Lehrern von deinen Einsichten erzählen? Frag um Hilfe, wenn du welche benötigst.

Du veränderst dich ständig

Das ganze Leben hindurch lernen wir Neues und können schon Gelerntes besser. Genau genommen lernst du immer dazu und bist immer damit beschäftigt, dich schulisch oder in deinen Hobbys weiterzuentwickeln. Es gibt immer wieder Zeiten, in denen man den Eindruck hat, nichts zu lernen und Tag für Tag derselbe zu sein. Aber du bist an jedem Tag anders. Es geht gar nicht anders - immerhin hast du jeden Tag neue Gedanken und Erlebnisse, die dich fortan begleiten. Es ist dir gar nicht möglich, dich nicht weiterzuentwickeln, aber ab und zu wirst du den Eindruck haben, still zu stehen oder dich nur langsam zu entwickeln.

Es gibt sicherlich viele Dinge, die du hinter dir gelassen hast. Vielleicht wirst du nicht mehr so traurig, wenn dir etwas angetan wird. Vielleicht kannst du jetzt besser Nein sagen, wenn deine Grenzen missachtet werden. Oder du kannst besser sagen, wie es dir geht. Was hast du hinter dir gelassen und wohin entwickelst du dich? Halt inne und denk darüber laut nach.

Du gibst dein Bestes

Von Kindesbeinen an hast du viele Erfahrungen gesammelt, durch die du gelernt hast. Aber natürlich erwarten dich neue Erfahrungen, aus denen du lernen wirst. Deine Erfahrungen sind dir in neuen Situationen eine Hilfe.

Ich glaube, dass wir Menschen immer unser Bestes geben. Wenn du etwas getan hast, das du später bereust, hast du es in diesem Moment einfach nicht besser gewusst. Oder du hattest in genau dieser Situation andere Gründe, genau das zu tun. Vielleicht hattest du Angst, warst traurig oder wütend.

Sogar wenn du gereizt reagierst, schreist, schlägst, fluchst oder jemanden ärgerst, hast du in der Situation deine guten Gründe, so zu handeln. Denk an eine Handlung, die du jetzt bereust, und versuche dich an die Situation zu erinnern. Warst du ängstlich und konntest nicht klar denken? Wurdest du unsicher und warst von deiner Nervosität wie gelähmt? Gab es einen anderen Grund, anders zu handeln, als du es dir wünschen würdest? Finde mindestens eine Begründung dafür, dass du in der Situation eigentlich bestmöglich gehandelt hast.

Wenn du deine Fehlgriffe als Schritte zur Reife sehen kannst, gehst du leichter durch schwere Zeiten. Verzeih dir deine Fehler und lern möglichst viel aus ihnen.

Sei keine Kopie anderer, sondern bleib Du selbst

Wenn du als Teenager bei der Suche nach deinem „Stil" nicht sicher bist, wer du sein sollst, kann schauspielern eine Hilfe sein. Hast du schon einmal eine Show abgezogen, um einen guten Eindruck zu machen? Hast du so getan, als ob du alles unter Kontrolle hättest, obwohl du innerlich unsicher warst? Willst du vielleicht, dass alle dich mögen? Dürfen andere nicht sehen, wenn du traurig bist? Viele Teenager haben Angst davor, schwach zu wirken. Ich habe selbst versucht, mein geringes Selbstwertgefühl hinter einer coolen, harten Maske zu verstecken, um mich weniger schwach zu fühlen. Innerlich kann es die Hölle sein, seine Gefühle ständig kontrollieren zu müssen. Man fühlt sich einsam, wenn man sich nicht so geben kann, wie man ist. Kennst du das?

Wenn wir jemanden beeindrucken wollen, wollen wir andere Menschen dazu bringen, gut von uns zu denken. Vielleicht wünschst du dir, dass andere denken, du seist klug, schön, stark oder tüchtig? Menschen sind darauf angewiesen, anderen etwas zu bedeuten und etwas zu sein. Wenn wir aber nicht an uns glauben, setzen wir eine Maske auf. Wir trauen uns nicht zu zeigen, wer wir wirklich sind, denn - was ist, wenn andere meinen, wir seien nicht OK, wenn wir nur wir selbst sind.

In deinem Leben spielst du ganz verschiedene Rollen. In der Schule hast du eine Rolle, zu Hause eine andere und mit deinen Freunden vielleicht eine dritte.

Du kannst dich besser verstehen, wenn du darüber nachdenkst, wann du welche Rolle in deinem Leben hast. In der nächsten Übung kannst du dir anschauen, wie du in verschiedenen Rollen wirkst. Wenn du die Rolle des „neckenden Schülers" spielst, hast du dich auch dafür entschieden, was du ausstrahlst. Und deine Kollegen reagieren darauf. Wenn du die Rolle des „beliebten Mitschülers" wählst, passt du dein Verhalten, Gewand und die Art, wie du sprichst und gehst, daran an.

Welche Rollen spielst du?

Wahrscheinlich spielst du noch mehr Rollen, als du unmittelbar glaubst. Versuch darüber ehrlich nachzudenken und schreib auf, welche Rolle du in welchen Situationen spielst.

Die Dramaqueen, die ihre Gefühle besonders stark ausdrückt

In welchen Situationen: _____

Wie verhalten sich andere dir gegenüber:

Das Klatschmaul, das über andere herzieht und verpetzt, vielleicht um beachtet zu werden

In welchen Situationen: _____
Wie verhalten sich andere dir gegenüber:

_____

Der Beliebte, der alles tut, um die Kontrolle zu behalten und beliebt zu sein

In welchen Situationen: _____
Wie verhalten sich andere dir gegenüber:

_____

Der Stille und Vorsichtige

In welchen Situationen: _____
Wie verhalten sich andere dir gegenüber:

_____

Der, der Fehler bei anderen und sich selbst findet

In welchen Situationen: _____
Wie verhalten sich andere dir gegenüber:

_____

Der Neckende, der andere ärgert, um selbst nicht geärgert zu werden

In welchen Situationen: _____
Wie verhalten sich andere dir gegenüber:

_____

Der Perfekte, der immer um Ordnung bemüht ist

In welchen Situationen: _____
Wie verhalten sich andere dir gegenüber:

_____

Der Nachahmer, der tut, was andere tun und sagen

In welchen Situationen: _____
Wie verhalten sich andere dir gegenüber:

_____

Der Emo-Typ, der immer schwarz gekleidet ist, nicht zu viel lächelt und nicht zu fröhlich sein darf

In welchen Situationen: _____
Wie verhalten sich andere dir gegenüber:

_____

Der „Ich bin so arm"-Typ

In welchen Situationen: _____
Wie verhalten sich andere dir gegenüber:

_____

Der Diener, der sich immer um andere kümmert, aber auf sich selbst vergisst

In welchen Situationen: _____
Wie verhalten sich andere dir gegenüber:

_____

Der Coole, der auf gleichgültig macht

In welchen Situationen: _____
Wie verhalten sich andere dir gegenüber:

_____

Der Clown, der lustig, aber doch nicht so beliebt ist

In welchen Situationen: _____
Wie verhalten sich andere dir gegenüber:

_____

Was ist deiner Meinung nach deine Hauptrolle in der Schule? Bist du die Beliebte, die um jeden Preis beliebt sein will? Bist du der Diener, der alles tut, um andere zu erfreuen? Bist du der Emo-Typ, der seine Gefühle einsam und verlassen wälzt? Oder das Klatschmaul, das alles tun würde, um Freunde zu bekommen und beliebt zu werden? Oder fühlst du dich in der Rolle des Nachahmers, der tut, was andere tun, weil du dich nicht traust, zu dir zu stehen?

Wie andere Menschen sich dir gegenüber verhalten, hängt stark davon ab, welche Rollen du spielst. Um zu verstehen, warum andere sich dir gegenüber so verhalten, wie sie es tun, musst du dich selbst anschauen. Wirst du übersehen oder machst du dich unsichtbar? Wirst du ausgegrenzt oder gehst du anderen aus dem Weg? Fällt es dir schwer, Nein zu sagen, und hast du den Eindruck, dass andere schuld daran sind, dass du immer Ja sagst? Gibst du anderen etwas und forderst nicht ein, auch etwas zurückzubekommen? Oder erwartest du, etwas von anderen zu bekommen, ohne selbst etwas zu geben? Bist du offen oder verschlossen, wenn du neue Menschen triffst?

Welche Konsequenzen hat deine Rolle für dein Leben?

Peter, der in die 7. Klasse geht, war einmal bei einem meiner Kurse für Teenager. Sein Ziel war, sich von anderen Burschen seiner Schule abgrenzen zu können. Wenn sie ihn ärgerten, wurde er jähzornig und bekam einen roten Kopf, darüber lachten sie und nahmen ihn nicht ernst. Oder er lachte sie aus, um seine Traurigkeit zu verbergen. Er wollte lernen, Stopp zu sagen und sich Respekt zu verschaffen.

Um das zu erreichen, brauchte er eine Übung, bei der er herausfinden sollte, wie er sich den Quälgeistern gegenüber verhalten hat. Was er ihnen sagte und was er ihnen signalisierte. Dabei fand er heraus, dass er Fehler anderer häufig kommentierte. Er war immer auf der Suche nach Fehlern, korrigierte andere, wenn sie etwas falsch sagten, und lachte hämisch, wenn andere nicht perfekt waren. Er zeigte auch nicht, dass er am Befinden anderer interessiert war. Er wirkte, als ob er alles unter Kontrolle hätte. In Wirklichkeit hatte er Angst davor, er selbst zu sein und wegen kleiner Fehler nicht mehr gemocht zu werden.

So lange er sich nicht traute, er selbst zu sein, ständig auf der Suche nach Fehlern anderer war und versuchte, perfekt zu sein, war es schwer, ihn zu respektieren und sein Freund zu werden. Durch seine Art hielt er andere von sich fern.

Als er lernte, etwas mehr er selbst zu sein, fiel es ihm leichter, Grenzen zu setzen und „Stopp" zu sagen. Außerdem bekam er mehr Freunde, weil er entspannter wurde.

Was ist dein Gewinn?

Du hast etwas davon, in einer bestimmten Rolle zu sein und Masken zu tragen. Was ist deiner Meinung nach dein Gewinn?

Wenn du beispielsweise der Stille und Vorsichtige bist, was hast du davon? Ich glaube, dass wir uns hinter unseren Masken verstecken, weil wir es gewohnt sind und uns dort geborgen fühlen. Geborgenheit ist also ein solcher Gewinn. Wenn du die Rolle des Beliebten spielst, tust du das vielleicht wegen der Geborgenheit. Der Eindruck, obenauf und mehr wert als andere zu sein, kann dir das Gefühl der Geborgenheit geben, weil du dann von deinen Schulfreunden nicht ausgegrenzt wirst.

Bist du der Emo-Typ, der meint, ganz anders zu sein als die anderen, und sich auch nicht anpassen will? Dann hast du den Eindruck, etwas Besonderes zu sein - das ist dein Gewinn. Vielleicht reicht es dir nicht, Du zu sein, und du meinst, noch schräger sein zu müssen, um dich gut zu fühlen.

Was hast du von deiner Rolle?

Leg die Maske ab

Das Aufsetzen einer Maske hat Konsequenzen. Wenn du dich verstellst, kann dich das negativ beeinflussen. Du wirst unsicher, unruhig, unkonzentriert, verlierst den Überblick oder fühlst dich einsam. Du kannst dich in eine Verteidigungsposition zurückziehen, dominant oder abweisend werden oder ständig genervt sein. Sogar der Beliebte, der den Eindruck macht, alles unter Kontrolle zu haben, kann sich fürchten, von seinen Freunden verstoßen zu werden.

Welchen Eindruck willst du erwecken? Was willst du anderen zeigen?

_____

_____

Was verdeckt deine Maske?

_____

_____

Was fürchtest du, könnten andere sehen?

_____

_____

Was wäre möglich, wenn du deine Maske ablegen und du Du sein würdest?

_____

_____

Wenn du deine Maske ablegst und Du wirst, bekommst du auch einen besseren Kontakt zu deinen Gefühlen. Du findest vielleicht heraus, was dir etwas bedeutet und was dir nicht so wichtig ist.

In manchen Phasen unseres Lebens glauben wir, dass uns Rollen oder Masken beschützen. Manche zeigen zum Beispiel nur ihre Kontrollmaske. Der Nachteil dabei ist, dass es eine Gewohnheit wird. Du sagst immer, dass es dir gut geht, wenn du danach gefragt wirst. Du verlernst aber nachzuspüren, wie es dir wirklich geht.

Und du findest nicht heraus, wie andere damit umgehen, wenn du dein wahres Gesicht zeigst und sagst, was du fühlst. Und das ist schlecht. Was wäre, wenn du gute Erlebnisse und Gespräche mit den Leuten, denen du offen begegnest, haben könntest?

Was ist dir wichtig?

Um herauszufinden, wer du bist, ist es gut, darüber nachzudenken, welche Werte du hast. In meiner Ausbildung zum Coach lernte ich erstmals, welche Werte ich hatte. Dadurch kenne ich mich jetzt selbst besser. Ich weiß, wofür ich stehe und was mir im Leben wichtig ist.

Wie schon früher geschrieben, sind Werte die Dinge, an die du glaubst. Es sind die Dinge, die dir wichtig sind, die dir etwas bedeuten und die du für richtig hältst. Wenn es dir beispielsweise wichtig ist, jemand zu sein, auf den man sich verlassen kann, dann ist das einer deiner Werte. Oder findest du es wichtig, dass sich niemand ausgeschlossen fühlen soll? Dann ist einer deiner Werte, dass Menschen gleichberechtigt sein sollen. Es sind die Werte, die dich zu dem machen, der du bist.

Versuch über Folgendes nachzudenken: Was würdest du mit wem tun wollen, wenn du nur noch ein Jahr zu leben hättest?

Was wäre dir besonders wichtig? Mit wem wärst du am liebsten zusammen? Wen würdest du netter behandeln? Was würdest du in deinem Leben ändern? Wann würdest du dich durchringen, eine Person, die du magst, zu fragen, ob sie dich auch mag? Wann würdest du die Schüchternheit hinter dir lassen und mehr von dir selbst zeigen? Was würdest du Menschen, die du schätzt, sagen, und würdest du vielleicht manchen Konflikten aus dem Weg gehen, statt in sie hineinzurennen?

Schreib deine eigene kleine Geschichte

Was wäre dir wichtig, wenn du nur noch ein Jahr zu leben hättest?

_____

_____

_____

_____

_____

_____

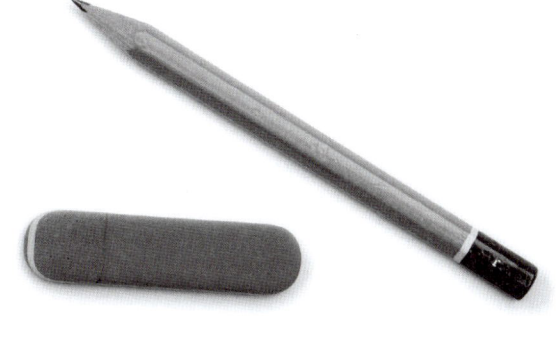

Mias Geschichte

Einmal habe ich ein Mädchen namens Mia gecoacht. Sie war richtig schlecht drauf, weil sie in eine Abwärtsspirale geraten war, in der sie ihren Eltern nichts mehr erzählte. Sie sprach nicht mit ihnen, wenn sie von der Schule heimkam, sondern ging direkt auf ihr Zimmer. Wenn die Eltern beim Abendessen danach fragten, wie es ihr ging, antwortete sie etwas, von dem sie annahm, dass es ihre Eltern glücklich machen würde. Sie sagte „Mir geht es gut" und „Ja, ich hatte einen guten Tag in der Schule". Das, was sie sagte, passte nicht zu ihrem Wert „Ich will ehrlich sein". Und nach jeder Lüge wurde sie noch trauriger.

Mia wollte zuversichtlicher werden, dass es gut ist, über ihre Gefühle zu sprechen. Sie hatte Angst davor, vor allem, weil ihr die Übung fehlte und sie sich nicht sicher war, wie sie es anstellen sollte.

Mia machte die ersten einfachen Schritte. Statt „Mir geht es gut" auf die Frage, wie es ihr ginge, sagte sie „Nicht so gut, mich nervt die Schule". Daraufhin fragten ihre Eltern, was denn los sei. Ihr nächster Schritt war, ein wenig davon zu erzählen, warum es ihr so ginge. Ihre nächste Aufgabe war es dann, ihren Eltern zu erklären, dass sie jemanden brauche, der ihr zuhört, statt jemanden, der ihre Probleme löst. Sie hatte die wohlmeinenden Ratschläge ihrer Eltern, die immer wieder zu Konflikten führten, satt. Sie hatten die Erwartung, dass Mia ihren Ratschlägen folgen solle, und wurden mitunter enttäuscht, wenn sie sie nicht annahm.

Nach einer Weile konnte Mia ihre Gefühle ehrlicher ausdrücken und konnte ihrem Wert „Man soll ehrlich sein" treu bleiben. Sie wurde mit sich selbst zufriedener und begann sich ihren Freundinnen gegenüber zu öffnen. Ihr Gefühl der Einsamkeit nahm ab und sie stellte fest, dass Frustrationen nicht so entsetzlich groß wurden, wenn sie darüber reden konnte.

Welche fünf Werte sind dir besonders wichtig? Kreuze an ✗

- ◯ Vertrauen
- ◯ Nähe
- ◯ Liebe
- ◯ Gleichheit
- ◯ Spaß zu haben
- ◯ Ehrlichkeit
- ◯ Meine Meinung zu äußern
- ◯ Andere, so wie sie sind, zu respektieren
- ◯ Tüchtig zu sein

○ Ruhig zu sein
○ Aufgaben ordentlich zu erledigen
○ Ein gutes Familienleben zu haben
○ Die Freiheit zu haben, ich selbst zu bleiben
○ Mich zu entwickeln
○ Selbstständig zu sein
○ Andere?

Welche der von dir ausgewählten Werte fehlen dir jetzt gerade in deinem Leben?

Was kannst du heute tun, um diese Werte wieder in dein Leben zu

bekommen? Kreuze an ✕

○ Ich kann mit jemandem sprechen, der mir hilft.
○ Ich kann dafür sorgen, dass ich mich in der Schule ab morgen anders verhalte.
○ Ich kann in mein Notizbuch schreiben, was ich Schritt für Schritt ändern will.
○ Ich kann mich bei jemandem entschuldigen, um wieder meinen Wertvorstellungen zu entsprechen.
○ Ich kann etwas nachfragen.
○ Es gibt etwas, das ich jemandem erzählen muss.
○ Ich kann geduldiger sein.
○ Ich kann offener sein.
○ Ich kann positiver eingestellt sein.
○ Ich kann _____ sein, um mit meinen Werten in Einklang zu bleiben.

Sei ein Vorbild

Wenn du dich traust, Du zu sein, wirst du auch ein Vorbild für andere. Ich habe mit hunderten Jugendlichen darüber gesprochen, wen sie respektieren und weshalb. Sie haben beispielsweise folgende Eigenschaften genannt:

- Jemand zu sein, der zu sich steht.
- Seine Meinung zu sagen und sich weigern, wenn man etwas nicht machen will.
- Keinen Wert darauf zu legen, was andere von einem denken.
- Fehler zu machen und trotzdem weiterzukommen.

Du kannst jemand sein, zu dem andere aufsehen. Ja, auch zu dir, der du schüchtern bist und noch nie deine Meinung laut gesagt hast. Du kannst ein Vorbild sein, indem du ruhig bist, nicht cool tust und bei jedem Blödsinn dabei bist. Finde deine Stärken und zeig sie anderen. Dann bist du ein Vorbild.

Alle können Vorbilder sein, wenn sie sich dafür entscheiden. Du kannst Vorbild sein, indem du ein guter Freund bist, Moral hast, dich gegen Mobbing einsetzt, Drogen ablehnst, selbst wenn die Meisten welche nehmen, gehänselten Mitschülern hilfst oder einen respektvollen Ton anschlägst und auf viele andere Arten.

Wen respektierst du?

Wen respektierst du und zu wem siehst du auf?
Ich respektiere:

Warum respektierst du ihn/sie?
Ich respektiere ihn/sie wegen:

Wofür sollen dich andere respektieren?
Ich will respektiert werden wegen:

Was hast du in diesem Kapitel gelernt?

_____

_____

_____

Welche Schritte willst du jetzt setzen?

_____

_____

_____

_____

TEENTIPPS

1 Durch die Fehler, aus denen wir etwas lernen, entwickeln wir uns weiter. Du kannst nur aus deinen Fehlern lernen, wenn du dich nicht maßlos über sie ärgerst.

2 Wenn du dich für etwas, das du getan hast, verurteilst, dann frage dich, ob du dir gegenüber gerecht bist.

3 Denk daran, welche Rollen du spielst. Wo schauspielerst du so viel, dass du nicht mehr glücklich sein kannst? Welche Konsequenzen haben deine Rollen für dein Leben?

4 Du kannst eine Person sein, zu der andere aufsehen. Sei so, dass du dich selbst respektieren kannst.

5 Beobachte andere Menschen in deiner Umgebung. Du wirst vielleicht entdecken, dass viel mehr Menschen, als du gedacht hättest, schüchtern, ängstlich und unsicher sind.

„inneren Papagei"

Worum geht es in diesem Kapitel?

In diesem Kapitel geht es darum, wie deine negativen Gedanken deine Gefühle und deinen Alltag beeinflussen. Gedanken können dich dazu bringen, dich unpassend und anders als andere zu fühlen. Auch Traurigkeit beginnt immer in deinen Gedanken. Hier kannst du herausfinden, wie störend dein „innerer Papagei" ist. Wenn du deine schlimmsten, kritischen Papageiengedanken kennst, kannst du sie stoppen, bevor sie mit dir durchgehen.

Der Papagei in deinem Kopf

Wenn du damit anfängst, deinen Gedanken mehr Aufmerksamkeit zu schenken, wirst du bemerken, dass du nie allein bist in deinem Kopf. Was auch immer du tust, du hast eine innere Stimme, die ich den „inneren Papagei" nenne. Es ist, als ob du einen Papagei in deinem Kopf oder auf deiner Schulter sitzen hättest. Er kommentiert alles, was du tust und sagst. Er faselt, urteilt über dich und andere, schimpft, bringt dich in Verlegenheit oder flüstert dir ein Schuldgefühl ein.

Vielleicht führst du manchmal Selbstgespräche. Man kann sogar mit sich selbst streiten. Forscher haben herausgefunden, dass uns etwa 60.000

Gedanken täglich durch den Kopf gehen. Stell dir vor, du müsstest alle unter Kontrolle halten. Die meiste Zeit bemerken wir sie nicht einmal. Sie sind einfach da und sind unsere treuen Begleiter.

Du wachst in der Früh auf und schon ist der Papagei auch wieder da. Er redet schon auf dich ein, bevor du die Augen richtig aufbekommen hast, „Heute habe ich gar keine Lust" oder „Juhuu - das wird ein guter Tag".

Vielleicht wachst du manchmal in der Früh auf, schaust in den Spiegel und denkst „Puh, schau ich heute hässlich aus". Und wenn du Kleidung aussuchst, denkst du „Es gibt keine Kleidung, die mir steht". Und am Weg in die Schule sagt dein Papagei „Hoffentlich ärgert mich heute niemand" oder „Hoffentlich wird mir in Englisch keine Frage gestellt, sonst lachen die anderen mich noch aus".

An Tagen, an denen du gute Laune hast und dir etwas zutraust, hast du sicherlich positive Gedanken, die deine Gefühle anstecken und dir damit einen lustigeren und angenehmeren Tag bereiten. Um ein besseres Selbstwertgefühl zu bekommen, ist es wichtig, dass dir deine Gedanken bewusst sind. Und dass du lernst, deine negativen Gedanken zu hinterfragen.

Was tust du, wenn dich deine Gedanken durcheinanderbringen?

Unabhängig von ihrem Selbstwert haben alle Menschen negative Gedanken und schlechte Tage. An solchen Tagen kannst du den Eindruck haben, die Kontrolle über deinen Papagei verloren zu haben. Vielleicht hast du an einem Tag, an dem du schlecht gelaunt warst, versucht, dir etwas Positives zu sagen oder dich anders aufzumuntern. Manchmal gelingt das, es kann aber schwer sein, wenn du down bist und dein Papagei unaufhörlich negativ auf dich einredet. Das ist menschlich. Ich finde aber, dass die Meisten zu früh aufgeben. Wir sagen zaghaft „Das geht schon" und geben auf, sobald der Papagei seine negativen Sätze wie „Ich weiß, dass es schiefgehen wird - das tat es ja auch letztens" zum Besten gibt.

Wir enden in einem Teufelskreis, wenn wir nicht damit aufhören, negativ zu denken. Zuletzt ziehen wir uns zurück und weichen Situationen aus, in denen etwas von uns verlangt werden könnte. Vielleicht bleibst du dann in deinem Zimmer sitzen. Du sprichst mit niemandem. Du lauschst deprimierender Musik und siehst wehmütige Filme. Du konzentrierst dich auf das, was deiner Meinung nach nicht funktioniert. Du denkst, dass es nie besser wird, und gibst auf.

Während eines meiner Kurse für Teenager rief ein Mädchen „Erschieß den Papagei!" Und sie hatte Recht. Du kannst den Papagei erschießen, wenn er in deinem Kopf zu viel Lärm macht. Dein erster Schritt ist der Beschluss, ihm nicht mehr so viel zuzuhören.

Wenn du traurig, deprimiert oder verletzt bist, haben deine Gedanken deine Gefühle beeinflusst. Jedes Gefühl von Traurigkeit oder Stress ist ein Warnsignal, das darauf hinweist, dass du einem negativen Gedanken Glauben schenkst.

Merke:

Du bist wertvoller, als du glaubst.

Schau zu, dass du deinen Papagei in den Griff bekommst

Du bist kein schlechter Mensch, wenn du negative Gedanken denkst. Du hast dich nur daran gewöhnt. Die Gewohnheit gibt dir Sicherheit. Diese einschränkenden Gedanken hindern dich daran, riskant zu handeln. Beispielsweise behältst du im Geschichteunterricht etwas für dich, weil du denkst „Die anderen lachen mich aus, wenn ich scheitere". Dieser Gedanke wird zu deinem Schild, das dich vor Situationen, in denen du Fehler machen könntest, beschützt.

Dir entgeht aber eine Menge, wenn du deinem Papagei zu oft zuhörst.

Ein anderes Mädchen in einem meiner Kurse fand heraus, dass sie oft dachte: „Ich bin schlecht in Englisch und werde es nie lernen." Sie dachte so, um eine Entschuldigung dafür zu haben, beim Schreiben der Englischaufgaben nicht ihr Bestes geben zu müssen. Sie empfand es als großes Risiko, sich für eine Englischaufgabe zu bemühen und daran zu glauben, dass sie gut wäre. Was wäre, wenn sie sich selbst enttäuschen würde? Sie dachte „Ich kann das nicht" und „Englisch ist dumm, ich werde das nie verstehen", wodurch sie ihre Enttäuschung in Grenzen halten konnte.

Nachdem sie ihre Entschuldigungen entdeckt hatte, fing sie an daran zu glauben, dass sie ihre Englischleistungen verbessern könnte. Sie kniete sich rein und hatte großen Erfolg, weil sie herausfand, dass sie mehr konnte, als sie glaubte. Ihre Noten verbesserten sich von 4 auf 3 in nur drei Monaten.

Ändere deine Einstellung

Sobald du deine Gedanken in positivere und dich stärkende Bahnen gelenkt hast, merkst du das recht schnell in deinem Alltag. Am Anfang fühlst du es nur manchmal, aber nach einer kurzen Zeit des Gedankentrainings glaubst du mehr an dich selbst.

Beginn damit, deine Aufmerksamkeit auf andere Dinge zu lenken. Ändere etwas daran, wie du über Dinge nachdenkst, die du erreichen willst. Denk an das, *was du willst*, und nicht an das, was du nicht willst. Oft sagen wir „Ich will *nicht* mehr faul sein", „Ich will *nicht* mehr so grantig sein", „Ich will *nicht* mehr schüchtern sein" usw. Denk und sag stattdessen, was du *willst*. „Ich will mehr Energie haben", „Ich will glücklicher sein", „Ich will mich öffnen". Wenn du sagst, was du willst, sendest du deine positiven Gedanken mit einem klareren Signal in die Welt. Versuch es und spür den Unterschied.

Die Gedanken allein reichen natürlich nicht, sie geben dir aber gute Gefühle, mit denen es dir leichter fallen wird, dein Verhalten zu ändern.

Ich habe trainiert, liebevolle und positive Gedanken über mich selbst zu denken. Gedanken, die mir gute Energie und das Gefühl der Stärke geben. Ich denke beispielsweise: „Ich gebe immer mein Bestes und es ist nichts Schlechtes an mir." Und daran glaube ich. Diese Gedanken geben mir Lust, Neues zu probieren und meine Grenzen zu erweitern. Dadurch kann ich kleine und große Erfolge erzielen. Das kannst du auch! Als ich jünger war, fühlte ich mich schwach. Ich war davon überzeugt, dass ich dumm war und nichts erreichen würde. Durch mein Training geht es mir besser.

14 Tage reichen dafür nicht aus. Man muss täglich trainieren, wie beim Muskeltraining im Fitnessstudio. Es muss aber nicht unbedingt ein hartes Training sein. Es erwartet dich ein guter Gewinn, sobald du einen dummen Gedanken durch einen guten ersetzt.

Du hast die Wahl! Willst du deinen Kopf täglich mit Selbstvorwürfen anfüllen oder glaubst du daran, dass du besser bist als deine dummen Gedanken?

3.6 Lina erschießt ihren Papagei

Ich hatte einmal einige Gespräche mit Lina. Als sie zu mir kam, hatte sie Gedanken wie „Ich bin hässlich und niemand mag mich", „Mir ist nicht zu helfen" und „Ich bin abstoßend". Durch diese Gedanken fühlte sie sich sehr schwach und verletzlich.

Lina war ein hübsches Mädchen, schimpfte aber so lange mit sich, bis sie glaubte, dass sie widerlich war. Ein Pickel konnte ihren Tag so sehr zerstören, dass sie niemanden mehr sehen wollte, bevor er verschwunden war. Sie blieb ihrem Freund, ihren Freunden und der Schule fern.

Sie musste lernen zu denken, dass sie OK war, so wie sie war. „Innen-drinnen bin ich genau so, wie ich sein sollte, und darauf kommt es an" sagte sie sich über eine lange Zeit. Neben der Arbeit mit ihren Gedanken fanden wir heraus, dass sie lernen musste, ihren Liebsten genauer zu sagen, was sie sich von ihnen wünschte. Sie konnte ihre Sorgen ehrlicher ausdrücken und daraufhin verschwanden sie. Sie konnte sich auch zunehmend von Mitschülern, die ihr Unrecht taten, distanzieren. Kurzum, sie lernte Verantwortung für sich und ihr Leben zu tragen.

Es stärkt deinen Selbstwert, wenn du dich selbst ernst nimmst. Und Lina konnte damit ihre negativen Gedanken besiegen. Sie lernte ihre schlimm-sten Gedanken wie „Ich bin abscheulich und niemand mag mich" ganz oder zumindest teilweise auszublenden. Mit jedem Mal, bei dem du einen dummen, negativen Gedanken nicht zulässt, geht es dir besser.

Lina lernte, sich zu sagen: „Ah, da war er schon wieder, der Gedanke, der mich glauben machen will, dass ich dumm bin und nichts kann. Von dem brauche ich mich nicht aufhalten zu lassen." Sobald du das gelernt hast, wirst du Herausforderungen anders bewältigen. Du nimmst z. B. Kritik nicht so persönlich. Du gehst Risiken ein und setzt auch in der Schule, bei Freunden und neuen Menschen deinen Mut ein - und wirst stolz auf dich.

Fang gleich damit an, gute Erlebnisse zu sammeln.

„Am Weg zur Schule"

Gedanken
Hoffentlich werde ich heute nicht verspottet.
Hoffentlich fragt mich mein Lehrer heute nichts.
Hoffentlich will sie/er in der Pause mit mir
zusammen sein.
Was, wenn andere mich auslachen?
Mir geht es heute nicht so gut.
Ich bin dumm.

Emotionen
Bekümmert
Ängstlich
Frustriert
Wütend auf dich selbst
Traurig

Handlungen
Du gehst langsam.
Du schaust auf die Erde.
Du atmest schnell.
Vielleicht weinst du.
Vielleicht schwitzt oder
zitterst du.

Der Teufelskreis

Denk an Louise und ihre Englischstunde aus dem zweiten Kapitel (siehe Seite 28). Stell dir vor, dass du in dieser Englischstunde sitzt. Ihr habt alle ein Kapitel eines Buches vorbereitet. Der Lehrer fragt euch, worum es in diesem Kapitel geht. Du kennst die Antwort und hast dir eine Meinung gebildet. Du traust dich aber nicht aufzuzeigen. Du denkst vielleicht: „Gleich zeige ich auf." In der Zwischenzeit zeigt ein Mitschüler auf und antwortet. Du ärgerst dich, dass er genau das sagt, was du auch gesagt hättest. Zu blöd aber auch! Du fängst an, negativ von dir zu denken: „Warum habe ich das nicht einfach sagen können? Warum bin ich nur so dumm?" Du denkst auch vorwurfsvoll über die, die sich etwas sagen trauen: „So ein Streber" oder „Sie glaubt cool zu sein".

Nach der Stunde ärgerst du dich über dich selbst. Du fühlst dich schwach und unzulänglich. Du gehst in die Pause mit dem Gedanken, dass du zu nichts taugst. Du fühlst dich nicht so gut wie die anderen. Und damit beginnt der Teufelskreis. In der Pause traust du dich vielleicht nicht, zu den anderen zu gehen, gehst ihnen aus dem Weg. Wegen des Gefühls der Unzulänglichkeit ziehst du dich zurück.

Du kommst zuhause traurig und frustriert an. Deine Schwester ist gut gelaunt und hatte einen schönen Tag. Sie ist gut in der Schule. Deine Eltern fragen, was los ist. Du antwortest wütend und abweisend. Du bist sauer auf dich selbst und willst ihnen nicht zuhören. Sie werden vielleicht auf dich sauer und es endet mit einem Streit.

So kann das immer weitergehen … Deine Gedanken beeinflussen die Gefühle anderer. Und es begann damit, dass du den negativen Einflüsterungen deines Papageis zugehört hast und dich hast stoppen lassen.

Vielleicht ist deine Geschichte ein wenig anders. Du kannst sie ändern. Du hast deine eigene Version eines solchen Tages. Wir erleben alle solche Teufelskreise. Aber Teufelskreise können aufgebrochen werden, dann sind sie nicht mehr schlecht sondern lehrreich. Und damit kannst du den Teufelskreis beenden, bevor etwas schiefgeht.

Finde heraus, womit dein schlechter Tag begann. Was geschah? Was dachtest du danach? Welche Gefühle haben dich beeinflusst und was waren deine Gedanken nach alldem? Wenn du lernst, deinen inneren Papagei von der Früh an leiser zu drehen, oder ihn bittest, seinen Schnabel zu halten, kannst du deinen Teufelskreis durchbrechen. Willst du lernen, wie man den inneren Papagei erschießt?

In dieser Übung lernst du dich selbst und deine Gedanken kennen.

1 Denk an eine vor kurzem geschehene Situation, in der du verletzt, wütend, enttäuscht oder peinlich berührt warst.

2 Was war geschehen?

_____

_____

_____

_____

3 Was hast du nach diesem Erlebnis über dich gedacht?

_____

_____

_____

_____

4 Was geschah in deinem Körper während des Erlebnisses?
(Hattest du Herzklopfen, hast du schneller geatmet, hast du auf den Boden gestarrt, hast du gezittert oder geschwitzt? Oder etwas ganz anderes?)

_____

_____

_____

_____

5 Welche Emotionen hattest du während bzw. nach dem Erlebnis?

_____

_____

_____

_____

6 Was hast du dann getan? Wie hast du nach diesen Gedanken reagiert?

_____

_____

_____

_____

Wann immer du verletzt und wütend wurdest, hast du Gedanken gehabt und unbewusste Beschlüsse gefällt. Wenn z. B. ein Freund sich nicht an eine Verabredung gehalten hat, hast du vielleicht beschlossen, dass „man sich auf niemanden verlassen kann". Du hast es vielleicht auch persönlich genommen und glaubst, dass es mit dir zu tun hat. Vielleicht denkst du: „Mehr bin ich also nicht wert."

Wenn du noch ein Mal darüber nachdenkst, gibt es andere Erklärungen für die Situation. Im nächsten Kapitel (siehe S. 59) wirst du mehr darüber lernen, was du tun sollst, wenn du etwas persönlich nimmst und verletzt wirst.

Wenn die negativen Gedanken wieder auftauchen

Wie wir vorhin von Lina hörten, kamen ihre negativen Gedanken immer wieder. Wenn das geschah, ging sie aufs WC, stellte sich vor den Spiegel, sah sich in die Augen und wiederholte ihre positiven Sätze. Manchmal flüsterte sie sie, weil sie nicht wollte, dass andere hören konnten, wie sie Selbstgespräche führte. Das macht aber auch nichts, wenn man nur flüstert. Positive Gedanken nur eine Minute lang vor sich her zu flüstern, während man sich selbst in die Augen schaut, ändert die Gefühle in eine positive Richtung. Lina fand einen Lieblingssatz, der für sie gut funktionierte: „Ich kann! Ich muss! Ich will!"

Es ist nicht leicht, seine Gedanken völlig zu ändern. Sie sind eine Gewohnheit geworden und können immer wieder kommen, weil dein innerer Papagei es gewohnt ist, sie immer auszusprechen. Es ist, wie wenn du als Rechtshänder lernen müsstest, deine linke Hand für alles Mögliche einzusetzen. Es dauert, zahlt sich aber aus. Sei also geduldig und glaub daran!

Manchmal musst du deinem Papagei STOPP sagen.

Sei nicht frustriert, wenn es dir nicht sofort gelingt. Mach eine Pause. Die schwarzen Löcher, in die wir alle fallen können, sind nicht bodenlos. Wir finden alle wieder heraus ans Tageslicht.

Bitte um Hilfe

Ich glaube, dass alle Menschen Tage kennen, an denen sie am liebsten nicht aufgestanden wären. Tage, an denen sie miese Laune haben. An solchen Tagen kann es dir schwerfallen, dich zu etwas aufzuraffen.

Vielleicht hast du einen guten Grund, traurig zu sein? Denk darüber nach, ob etwas geschehen ist, über das du reden willst. Sprich mit jemandem, dem du vertraust. Am besten mit jemandem, der dir zuhören kann, ohne deine Welt retten zu wollen. Manchmal muss man einfach erzählen können, wie es einem geht, ohne gerettet zu werden.

Wenn du oft Traurigkeit spürst, kann das daran liegen, dass du etwas von dir glaubst, das gar nicht stimmt.

Was hast du in diesem Kapitel gelernt?

_____

_____

Welche Gedanken willst du schon jetzt ändern?

_____

_____

An welche Gedanken willst du stattdessen glauben?

_____

_____

TEENTIPPS

1 Denk daran, dass die Gedanken automatisch kommen. Sie kommen von ganz allein.

2 Wenn du deine negativen Gedanken genau überprüfst, wirst du herausfinden, dass sie in Wirklichkeit gar nicht stimmen. Sie sind genauso wie schlechte Beweise in einem Kriminalfall. Ein Richter würde jeden einzelnen deiner negativen Gedanken widerlegen.

3 Gedanken wirken real. Du akzeptierst deine negativen Gedanken und lauschst ihnen, weil sie im Moment wahr zu sein scheinen. Du hinterfragst oder stoppst sie nicht, weil du in der Situation an sie glaubst. Deshalb hast du ihnen bisher immer zugehört.

4 Du gewöhnst dich an deine Gedanken. Sie werden Teil deines Alltags, weil du sie vielleicht immer öfter hörst. Beschäftige dich mit deinen Gedanken und erschieß deinen Papagei, wenn er zu viel schimpft.

Wie du lernst,
positiv zu denken

Worum geht es in diesem Kapitel?

In diesem Kapitel geht es darum, wie du alle deine negativen Gedanken wegspülen kannst. Du wirst lernen, dass deine Gedanken nicht die einzige Wahrheit sind. Obwohl sie sehr logisch wirken können und du wirklich glauben kannst, dass du dumm und etwas komisch bist, ist das nicht wahr. In diesem Kapitel lernst du, was du tun kannst, um deine Gedanken positiv zu beeinflussen.

Entsprechen deine Gedanken der Wirklichkeit?

Wenn wir wünschen, unser Leben zu verändern, müssen wir unsere Art zu denken ändern und uns positiv ausdrücken. Lernst du z. B. wie Lina (siehe S. 51) zu denken: „Innendrinnen bin ich genau so, wie ich sein sollte, und darauf kommt es an", gibt dir das positive Energie, mit der du dein Leben besser meistern kannst.

Jeden Tag haben wir viele Sorgen und Gedanken bezüglich der Menschen, die uns nahestehen, unserer Vergangenheit und Zukunft. Oft sind es weder Personen noch Situationen, die uns stressen, sondern das, was wir über sie denken. Unsere Gedanken stressen uns, wenn wir an sie glauben und meinen, sie wären real.

Du kannst lernen, positiv zu denken. Alle können das. Du wählst gerade jetzt, wie du heute denkst. Vielleicht ändert sich dein Alltag nicht dramatisch von heute auf morgen, wenn du deine Gedanken änderst. Aber die Brille, durch die du dich selbst betrachtest, wird immer besser geputzt, damit du immer mehr gute Dinge an dir wahrnehmen kannst.

Du hast eine Menge guter Eigenschaften, die andere oft besser erkennen können als du selbst.

Die nächste Übung darfst du nicht auslassen. Sie ist lustig und sehr lehrreich. Viel Vergnügen!

Schaffe Powergedanken

Du kannst diese Übung dazu verwenden, dich selbst oder einen guten Freund zu coachen. Verwende sie nach einem traurigen Erlebnis, wenn etwas geschehen ist, das dich frustriert, oder wenn du nicht an dich selbst glaubst.

Finde deinen stärksten Papageiengedanken. Den Gedanken, der dich am stärksten beeinflusst. Im Beispiel verwende ich den Gedanken „Ich bin dumm".

1 Was ist dein schlimmster Papageiengedanke?

_____

2 Stimmt er?

_____

Bist du dir ganz sicher, dass er stimmt? Hast du Beweise dafür, dass du dumm bist? Wenn Gott oder jemand anderer dich beobachten würde, würde er dich dann auch als dumm bezeichnen? Oder …?

3 Wie reagierst du, wenn du so denkst?

_____

Wo trifft dich dieses Gefühl? Wie behandelst du andere, wenn du so denkst? Was hast du davon, an diesem Gedanken festzuhalten und ihn bestätigt zu bekommen? Bringt er Ruhe oder Stress in dein Leben? Gibt er dir überhaupt etwas Gutes? Kannst du einen Grund dafür sehen, den Gedanken aufzugeben?

---

4 Wer wärst du ohne diesen Gedanken?

Schließ deine Augen und stell dir vor, dass du ohne diesen Gedanken herumgehst. Was machst du anders? Was fühlst du innen drinnen? Wie würdest du Freunde und Eltern behandeln, wenn du nicht mehr diesem Gedanken glauben würdest?

---

5 Wende deinen Gedanken ins Gegenteil

In welche Richtung kannst du deine Gedanken wenden? Beispielsweise könnte der Gegensatz von „Ich bin dumm" „Ich bin nicht dumm" oder „Ich bin klug" oder „Ich bin gut genug" sein.
In welche Richtung kannst du deine Gedanken wenden?

Stimmt dieser Satz über dich genauso sehr? Denk darüber gut nach. Ist der gegensätzliche Gedanke nicht genauso richtig wie der erste?
Wie würde dein Leben aussehen, würdest du nach diesem Satz leben? Was wäre anders?

Zähle drei Situationen auf, in denen der gegensätzliche Satz passen würde:
Worin bist du gut? Wann bist du nicht dumm?

1 Beim _____

2 Wenn ich _____

3 In dieser Situation: _____

(Angelehnt an die Übung *The Work* der Therapeutin Byron Katie)

Finde deinen aufmunternden Papagei

Andreas ist 17 und in der 7. Schulstufe. Früher hatte er Angst, vor der Klasse etwas präsentieren zu müssen. Am Schulweg machte er sich viele dumme Gedanken. In einer Schulstunde, wo auch er seine Meinung äußern sollte, wurde er so nervös, dass er die Lust an der Schule verlor. Er konnte in der Früh kaum aufstehen und war richtig traurig. Wenn er an der Reihe war, wollte er sich am liebsten am WC verstecken.

Seine negativen Gedanken machten ihn unsicher.

Andreas hat geübt und gelernt, sich vor der Schule aufzuheitern. Früher dachte er: „Das geht nie gut. Ich bin so schlecht. Die anderen werden mich auslachen und verspotten" und 100 andere Gedanken.

Er entschloss sich, anders zu denken.

Bevor er das Haus verließ, schaltete er seinen *aufmunternden* Papagei ein. Andreas sagte zu sich selbst:

Das wird schon.
Ich kenne das schon und ich werde es überleben.
Meine Gedanken sind nicht wahr.
Die anderen beißen nicht.
Es ist nie so schlimm, wie ich befürchte.

Diese Sätze hatte er in sein positives Tagebuch geschrieben und las sie, bevor er das Haus verließ. Er lernte auch, seine dummen Gedanken zu stoppen, wenn sie mit ihm durchgingen. Andreas *konnte* seine Gedanken stoppen, indem er sagte: „Stopp Andreas. Sei lieb zu dir!" Und er fand heraus, dass er seinen Zustand durch einen kurzen Spaziergang an der frischen Luft ändern konnte.

Nach dem Gedanken „Es ist nie so schlimm, wie ich befürchte" hatte Andreas natürlich mehr Mut und Energie als nach „Das geht nie gut".

Und was entspricht wirklich dem, was ist? Entsprechen deine negativen Gedanken eher der Wirklichkeit als die erfreulichen und positiven? Es kann schwer sein, einen Richter zu finden, der die Wahrheit wirklich herausfinden kann. Du kannst daher genauso gut selbst wählen, woran du glauben willst.

Wir nehmen vieles persönlich. Du hast vielleicht schon einen Schulfreund auf der Straße gegrüßt, der dich nicht zurückgegrüßt hat. Da kannst du zwischen verschiedenen Interpretationen wählen. Vielleicht ist er in Gedanken versunken und etwas zerstreut oder er hat es so eilig, dass er dich nicht sieht. Oder denkst du, dass du es nicht wert bist, gegrüßt zu werden, weil du nicht gut oder schön genug bist oder weil du sonderbar bist? Da tauchen automatisch Gedanken auf, die dich entweder unterstützen oder schwächen.

Nachdem Andreas gelernt hatte, seinen aufmunternden Papagei zu aktivieren, fiel es ihm leichter, in die Schule zu gehen, und er war weniger unsicher. Seine negativen Gedanken nahmen nicht mehr so viel Raum ein, wenn er seinen aufmunternden Papagei eingeschaltet hatte. In der Schule sagte er zu sich: „Sehr gut, dass ich hergekommen bin. Ich werde es so gut machen, wie ich kann. Das wird schon gut gehen. Ich bin OK, so wie ich bin."

Diese Sätze wiederholte er täglich. Er hatte sie aufgeschrieben, damit er sie sich merken konnte. Fühlte er sich zuerst ängstlich und unsicher, wurde er mit der Zeit ruhig und positiv gestimmt. Er wurde entspannter und musste nicht unbedingt perfekte Resultate vorzeigen, um anderen zu zeigen, wie gut er in der Schule war. Seine Anforderungen an sich selbst wurden realistischer. Er trainierte seinen inneren Papagei tagtäglich.

Glaub daran, dass du den Ball fängst

Ihr spielt Schlagball in der Schule. Du sollst einen Ball fangen. Früher konntest du Bälle nur selten fangen. Du denkst vielleicht „Ich kann nicht" oder „Ich tauge nicht zum Ballspiel".

Welcher Gedanke gibt dir deiner Meinung nach am meisten Kraft?

_____

_____

Es gibt dir natürlich Kraft, wenn du etwas Gutes über dich denkst. Du musst dich nicht betrügen, indem du dir vormachst, etwas besser zu können, als es der Fall ist. Wenn du aber denkst „Ich fange den Ball", konzentrierst du dich besser auf den Ball und reagierst schneller. Es kann sein, dass du gerade diesen Ball nicht erwischst. Dann hast du das nächste Mal wieder die Wahl. Denkst du „Ich bin so bescheuert und blöd" oder „Pah - ich erwisch den nächsten Ball"?

Welcher Gedanke gibt dir Power?

Ich kann!
Ich muss!
Ich will!

Sei dein bester Freund

Damit es dir gut gehen kann, musst du lernen, dich wie deinen besten Freund zu behandeln. Du akzeptierst und schätzt deine besten Freunde, so wie sie sind, weil du in einer bestimmten Weise über sie denkst und fühlst. Sagst du deiner Freundin, dass sie eine Idiotin ist, die zu nichts taugt, wenn sie eine schlechte Note bekommen hat? Oder unterstützt du sie und erinnerst sie daran, dass sie ihr Bestes gegeben hat und in Ordnung ist, so wie sie ist? Das gleiche kannst du bei dir machen. Ich finde, dass es bescheuert ist, wenn wir andere fürsorglich behandeln und uns selbst nicht.

Man kann lernen, sich selbst mit seinen Gedanken und Gefühlen zu akzeptieren. Ich glaube daran, dass du innerlich kraftvoll bist und Veränderungswillen hast. Du hast es vielleicht schon lange nicht gespürt, aber deine Kraft und dein Wille sind da. Willensstärke kann ja auch eine Art Sturheit sein.

Vielleicht haben dich deine Eltern stur genannt. Deine Sturheit ist Teil deiner Willenskraft, die du dazu verwenden kannst, deinen Papagei leiser zu drehen.

Dreh deinen Papagei leiser. Wie?

Nimm einen Notizblock! Du musst zuerst herausfinden, welche Gedanken du leiser drehen und nicht mehr hören willst. Und die müssen notiert werden. Weiter vorne im Buch war eine Übung, in der du die negativsten Gedanken herausfinden und notieren musstest (siehe S. 60). Nimm dir eine Woche lang jeden Tag nach der Schule 10 Minuten Zeit, um deinen negativsten Gedanken aufzuschreiben. Es muss ein Gedanke sein, von dem du überzeugt bist, dass er stimmt. Gedanken wie „Ich bin dumm", „Ich bin nicht gut genug" oder „Ich mag mich nicht" usw. Finde den Gedanken, der am häufigsten auftaucht.

1 Welcher Gedanke oder welche negative Überzeugung höre ich in meinem Kopf am häufigsten?

2 Welche Beweise sprechen für diesen Gedanken?

3 Welche Beweise sprechen dafür, dass dieser Gedanke falsch ist?
Hier gehst du auf die Jagd nach Situationen, zu denen der negative
Gedanke nicht passt. Finde drei Beispiele.

_____

_____

_____

_____

_____

_____

Mach eine Pause

Der nächste Schritt in dieser Übung ist eine Pause. Lies erst am nächsten
Tag deine Gedanken und Beweise durch und beantworte folgende Fragen:

4 Was würde ich meinem besten Freund oder meiner besten Freundin
sagen, wenn er oder sie solche Gedanken hätte?

_____

_____

_____

5 Was würden meine Freunde mir sagen, wenn ich ihnen von meinen
Gedanken erzählen würde?

_____

_____

_____

Lass das Finde-fünf-Fehler-Spiel fallen

Sofie will auf eine Party. Sie schaut in den Spiegel. Sie denkt: „Ich werde nie einen Freund haben, wenn ich so hässlich bin. Meine Nase ist viel zu groß. Ich sehe bescheuert aus in meinen Klamotten. Alle anderen Mädchen sind hübscher."

Für Sofie wäre es gut, einmal innezuhalten. Wenn sie stehen bleibt, um fünf Fehler zu finden, findet sie sie auch. Wir sind ja Menschen und nicht Abziehbilder oder Barbiepuppen. Die Macht der Medien, Werbung, Musikvideos und Modemagazine mit ihren perfekten Bildern von Frauen und Männern kann unser Bild davon, wie Menschen aussehen sollen, zerstören.

- Füttere dein Spiegelbild nicht mit negativen Worten.
- Sag dir etwas Positives und schau dabei in deine schönen Augen.
- Du bist Du und ganz einzigartig! Am weitesten kommst du mit deinen inneren menschlichen Qualitäten.

Mit wem würdest du am liebsten ein Wochenende in einem Sommerhaus verbringen? Mit einem hübschen Mädchen, das perfekt aussieht, aber oberflächlich ist, oder mit einem lieben und einfühlsamen Mädchen mit guten inneren Qualitäten?

Mach ein Interview

Mach diese Übung mit deiner Familie. Bitte um 10 Minuten, in denen alle Familienmitglieder folgende Fragen beantworten sollen:

Welche fünf Eigenschaften beschreiben mich am besten?

1 _____

2 _____

3 _____

4 _____

5 _____

Was magst du am liebsten an mir?

_____

_____

_____

_____

Kann ich etwas, aus dem du lernen kannst oder das du bewunderst?

_____

_____

_____

_____

Lern deine Gewohnheiten kennen

Unser Gehirn ist wie ein Computer. Es speichert Erlebnisse, die mit Gedanken angereichert werden, die dich entweder unterstützen oder begrenzen.

Wenn du die schlechte Angewohnheit hast, dich immer wie eine Auster fest zu verschließen, wenn du eine Arbeit in der Schule präsentieren sollst, dann wird das zur Gewohnheit. Wenn du die Angewohnheit hast, andere zuerst reden zu lassen, gewöhnst du dich daran und schweigst lieber.

Schüchternheit ist auch eine Gewohnheit. Du gewöhnst dich daran still zu sein und fühlst dabei Geborgenheit (lies mehr über Schüchternheit in Kapitel 7 ab S. 121). Es fällt dir zunehmend schwer, dir vorzustellen, ein offener Mensch zu sein, der seine Meinung frei heraus sagt. Dein innerer Papagei brüllt herum, sobald du nur daran denkst, deine Schüchternheit abzulegen. Denk daran, wie wichtig es ist, kleine Schritte zu machen, um Erfolgserlebnisse zu haben.

> **„Schlechte Angewohnheiten abzuschütteln ist wie eine Zwiebel zu schälen. Eine Schicht nach der anderen ...“**

Oh - jetzt ist es mir schon wieder passiert ...

Hast du auch erlebt, dass du jeden Tag das Gleiche tust und wie schwierig es sein kann, es bleiben zu lassen? Ganz normale Sachen. Du hast dir vielleicht angewöhnt, deine Uhr links zu tragen, dein Handy in den rechten Hosensack zu stecken, deine Schuhe an einen bestimmten Platz zu stellen, mit der linken Hand zu schreiben, immer den gleichen Weg von der Schule nach Hause zu gehen oder deine Haare zu raufen, wenn du nervös bist. Du hast vielleicht auch schon versucht, deine Uhr am anderen Handgelenk zu tragen, und gemerkt, wie merkwürdig sich das anfänglich anfühlt.

Wir haben auch beim Sprechen Gewohnheiten. Slangwörter wie „geil“, „Scheiße“, „cool“. Wohl nicht gerade die Worte, die 1910 verwendet wurden, aber damals wurden halt andere Worte verwendet.

Du und ich haben viele komische Angewohnheiten, die unserem Leben nicht schaden. Wir machen eben unsere Sachen so, wie wir es gewohnt sind.

Deine Willenskraft ist dein Treibstoff. Wenn du dir beispielsweise angewöhnen willst, dich selbst zu loben, dann musst du dich dazu entschließen. Wenn du merkst, dass du es *willst*, musst du herausfinden, *wie* es geht. Und dann musst du es auch *machen*. Das kannst du natürlich nicht gleich.

Dein Wille ist jedenfalls dein Treibstoff, der dich bei den Versuchen antreibt. Alle haben Willenskraft. Es ist nur die Frage, ob du deinen Papagei gegen die Willenskraft gewinnen lassen willst.

Ordne deine Gedanken und schreib deinen eigenen guten Film

Wenn wir etwas Wichtiges erreichen wollen, haben wir Erwartungen an uns selbst. Wir wollen es gut machen und werden deshalb nervös.

Wir sind gut darin, unser Scheitern vorherzusagen. Du kennst vielleicht Gedanken wie „Ich kriege wohl keine guten Noten." „Ich schaffe die Prüfung sicher nicht." „Beim Fest gibt es niemanden, der mich mag." Mit diesen Gedanken wirst du selbstverständlich so nervös und unsicher, dass du den Mut auf etwas Neues oder eine Herausforderung verlieren wirst.

Du kannst dich durch Visualisierung gut auf ein Fest, eine Prüfung, dein erstes Date oder den ersten Tag an einer neuen Schule vorbereiten. Visualisierung funktioniert, indem du dir bildlich in deinem Kopf vorstellst, was passieren wird. Es ist ein kleiner Film, den du für dich selbst in deinen Gedanken spielst.

Der große Unterschied zwischen diesem Film und dem Horrorfilm, der sich sonst in deinem Kopf abspielt, ist, dass du deinen Film mit einem guten Ende versiehst, in dem du ein Erfolgserlebnis hast.

Vor einer Prüfung oder einem ähnlichen Ereignis

Wenn es einen speziellen Zeitpunkt gibt, zu dem dein Papagei nur negativ herumkreischt, dann ist das vor einer Prüfung. Deine Gefühle werden angeheizt und es fällt dir schwer, deine Nervosität zu steuern. Du überlegst vielleicht auch, wie es gehen wird, ob du eine gute Note bekommen wirst, was deine Eltern sagen, wenn du eine schlechte Note heimbringst usw.

Tipps, wie du dich vorbereiten kannst:
Körper

• Mach Bewegung vor einer Prüfung. Wenn du dich bewegt hast, entspannen sich deine Muskeln. Dein Körper sendet Signale an dein Gehirn, die dir mehr Energie geben. Laufen oder schnelles Gehen können dir dabei helfen, Furcht und Verunsicherung loszulassen. Gleichzeitig schüttest du Stoffe aus, die beruhigend wirken. Die Stelle in deinem Gehirn, wo dein Selbstwert sitzt, bekommt frischen Wind.

- Iss gesunde und eiweißhaltige Kost, bevor du los musst, z. B. eine Banane oder eine Avocado, oder trink einen zuckerfreien Smoothie, der sättigt.
- Trink viel Wasser.
- Atme tief durch. Mach es langsam, halt die Luft 5 Sekunden lang an und lass sie dann ganz langsam ausströmen. Während deiner Atemübungen sag zu dir „Entspanne dich". Wenn du das ein paar Mal hintereinander machst, wirst du deinen Körper kontrollieren können und dich ruhiger fühlen.

Gedanken

- Finde heraus, welche Gedanken die bevorstehende Aufgabe bei dir auslöst.
- Was denkst du über dich selbst?
- Welche Gedanken stärken dich?
- Mindestens einen Tag vor dem Ereignis solltest du dich mit positiven Gedanken vorbereiten.
- Mach Spiegelübungen: Finde einen Satz, mit dem du dich stärken kannst. Wiederhole den Satz vor deinem Spiegelbild. Beginne damit eine Woche im Vorhinein. Mach es drei Mal täglich. Ideen dazu findest du auf Seite 76.

Handlung

- Mach eine gute Vorbereitung. Wenn du dich nicht genügend vorbereitest, hast du eine Ausrede dafür, dass etwas schiefgegangen ist. Das ist aber eine schlechte Idee. Du beweist nur dir selbst, dass du nicht gut genug bist. „Habe ich ja gewusst" kannst du sagen. Das gibt dir aber keine Kraft. Schau lieber darauf, dass du dir nicht ständig selbst bestätigst, dass du nichts kannst. Nimm Herausforderungen an und gib Gas.
- Ordne deine Notizen. Gib nicht gleich auf, glaub daran, dass du dich da durchbeißen kannst. Hör auf zu denken, es perfekt können zu müssen. Du lebst, um zu lernen! Nicht, um alles schon im Vorhinein zu beherrschen.

Während der Prüfung

1 Konzentriere dich auf deine Atmung. Atme fünf Mal tief durch, bevor du loslegst.

2 Schau deinem Gegenüber in die Augen. Finde mindestens eine Person,

der du in die Augen schauen kannst. Lass deinen Blick nicht herumschweifen. Das verwirrt dich nur.

3 Sitz gerade und stolz.

4 Sprich deutlich. Sprich lauter als sonst. Die Kraft deiner Stimme gibt dir innere Ruhe. Wenn du flüsterst oder dich hinter einer leisen Stimme versteckst, dämpfst du deinen persönlichen Ausdruck. Setz deine Powerstimme ein. Irgendwo in dir findest du sie.

5 Setz deine Hände ein. Gesten sind OK. Manchen fällt es leichter, mit den Händen zu kommunizieren.

6 Glaub an dich.

7 Glaub daran, dass du es schaffen wirst. Denk daran, dass deine Angst in deinem Kopf immer die schlimmste ist.

8 Mach ein Fest, wenn du fertig bist. Klopf dir auf die Schulter, wenn du heimkommst. Fühl deinen Stolz. Dein Selbstwert wächst, wenn du anerkennst, worauf du stolz sein kannst.

9 Lass deine Fehler los. Sag „egal" und mach weiter.

10 Du kannst viel mehr, als du glaubst.

Wenn du auf neue Menschen triffst

Stell dir genau vor, was du erleben wirst. Beginnst du morgen in einer neuen Klasse? Gehst du mit Leuten, die du nicht kennst, auf ein Fest? Triffst du das erste Mal die Familie oder Freunde deines neuen Freundes? Oder etwas ganz anderes?

Lass einen Film in deinem Kopf ablaufen, in dem geschieht, was du dir wünschst. Stell dir vor, dass das Beste geschehen wird und dass dein Erlebnis ein Erfolg wird.

1. Schritt

Mach deinen Film so realistisch wie möglich und beschreib deine Herausforderung so genau wie möglich. Notiere dein Erlebnis und deinen inneren Film. Genau so, wie du es gerne hättest.

- Wen wirst du treffen?
- Zu welcher Uhrzeit wird das sein?
- Was hast du an?
- Wie schaut es dort aus?
- Wie riecht es dort?
- Was hörst du?

2. Schritt

- Was machst du?
- Was sagen die anderen?
- Was sagst du?
- Wie gehst du in das Lokal? Wirst du lächeln und etwas sagen?
- Welche Gefühle hast du beim Betreten des Lokals?
- Was wird dann geschehen?

Bevor du zur Party gehst

Erinnerst du dich an Sofie (siehe S. 67), die mit dem Spiel „Finde-fünf-Fehler" vor Partys aufhören sollte? Dasselbe gilt für dich. Eine Party wird nicht dadurch lustig, dass du perfekt aussiehst. Spaß und Freude kommen von innen und ich verspreche dir, dass es nichts an deinen Gefühlen ändern würde, wenn du wie Britney Spears aussehen würdest. Denk daran, wie es ihr ergangen ist.

Gefühle täuschen uns oft und wir Menschen glauben oft, dass alles gut wird, wenn wir nur dieses oder jenes fühlen. Wir sind auf der Jagd nach Schönheit, Perfektion und Können, weil wir glauben, dass damit bestimmte Gefühle verbunden sind. Diese Jagd ist aber unendlich.

Wie in der ersten Übung sollst du dir vorstellen, was du bei der Party tun willst. Finde heraus, welche schlechten Angewohnheiten du bei Partys hast. Stehst du nur in einer Ecke und sagst nur dann etwas, wenn du gefragt wirst? Trinkst du so viel, dass du nicht mehr Du selbst bist? Wirst du traurig, weil du dich mit denen vergleichst, die du als hübscher und lustiger empfindest? Traust du dich nicht zu der Gruppe zu gehen, bei der am meisten gelacht wird?

Welche ist deine schlechteste Angewohnheit bei Partys? Hast du sie gefunden? Frag dich: Welchen Schritt muss ich setzen, um meine schlechte Angewohnheit loszuwerden?

Auf zur besten Party

- Was machst du beim Betreten der Party?
- Was sagst du?
- Was sagen andere zu dir?
- Wie gehst du in das Lokal? Wirst du lächeln und etwas sagen?
- Welche Gefühle hast du beim Betreten des Lokals?
- Was geschieht danach?

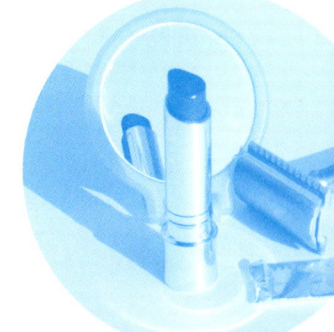

Sprich mit deinem Spiegel

In meinen Kursen für Teenager habe ich mit vielen Jugendlichen darüber gesprochen, wie man lernt, positiv über sich zu denken. Ich habe ihnen jeden Tag eine Aufgabe gegeben, bei der sie sich positive Sätze vor dem Spiegel vorsagen mussten. Zu Beginn sagten sie: „Das können wir nicht, weil ja die Sätze nicht wahr sind."

Ich denke da besonders an ein Mädchen, das sich mehrere Jahre nicht traute, im Unterricht aufzuzeigen. Josefine fand den Satz „Ich traue mich, meine Unsicherheit und Angst loszulassen" hilfreich. Als sie diesen Satz die ersten Male vor dem Spiegel sprach, fühlte sie sich dämlich und glaubte nicht an die Worte. Aber nach ein paar Tagen bemerkte sie, dass die Worte auf ihr Gemüt abfärbten. Sie schaffte es immer besser, sich tief in die Augen zu blicken und zu sagen: „Ich traue mich meine Unsicherheit und Angst loszulassen". Als ich sie das nächste Mal sah, hatte sie im Unterricht bereits zwei Mal aufgezeigt, nachdem sie das ganze zwei Jahre lang nicht getan hatte. Sie war davon überzeugt, dass ihre Gedanken und Unsicherheit nicht ihr ganzes Leben steuern müssten.

Je mehr diese positiven Sätze zu deinem Alltag dazugehören, desto mehr glaubst du an sie. Und dann ist es Zeit für einen neuen Satz. Josefines nächster Satz war „Ich bin stolz auf meine Fortschritte". Sie entwickelte ihr Vertrauen darauf, dass sie OK war, wie sie war. Natürlich waren es nicht nur die Gedanken, die ihr einen besseren Alltag bescherten. Die neuen Gedanken gaben ihr viel Mut für neue Taten.

Zeig deinen Stolz

Du hast sicher etwas in deinem Leben erlebt, auf das du stolz warst. Denk jetzt an eine solche Situation. Als du beispielsweise einem Freund geholfen hast, der dadurch richtig glücklich wurde. Oder als du deinen ganzen Mut aufgebracht hast, um Nein zu sagen. Vielleicht hast du eine Aufgabe in der Schule besonders gut gemacht und wurdest dafür gelobt. Oder hast bei einer Party Drogen abgelehnt oder „Nein, danke" gesagt, als dir eine Zigarette angeboten wurde.

Worauf bist du stolz? Hast du etwas gefunden? Ich habe mit vielen Jugendlichen darüber gesprochen, denen es schwergefallen ist, etwas zu finden, auf das sie stolz sind. Es kann schwer sein, sich selbst zu loben und deutlich zu sagen, worauf man stolz ist. Je öfter du Erlebnisse in deinem Leben findest, auf die du stolz sein kannst, desto besser.

Ich bin stolz, dass ich:

_____

_____

_____

_____

_____

Was habe ich durch dieses Erlebnis gelernt?

_____

_____

_____

_____

_____

Das fühle ich, wenn ich an das Erlebnis denke:

_____

_____

_____

_____

_____

Wähle einen inspirierenden positiven Satz

- Es sind nur Gedanken, die ich im Kopf habe - und die können verändert werden.
- Je mehr ich durch meine jetzigen Erlebnisse lerne, desto stärker werde ich in meinem Leben.
- Ich bin bereit, meine Unsicherheit und Angst loszulassen.
- Ich komme mit mir klar.
- Ich bin ein guter Mensch.
- Heute ist ein neuer Tag. Heute gestalte ich selbst mein Leben und das kann ich gut.
- Ich bin gut so, wie ich bin.
- Ich habe ein Recht darauf, dass es mir gut geht.
- Ich weiß viel, bin stark und kann mit dem, was mir passieren wird, umgehen.
- Je mehr ich mich leiden kann, desto anziehender bin ich für andere.
- Ich will mich verändern.
- Ich akzeptiere mich so, wie ich bin.
- Ich darf Ich sein. Ich erlaube mir, so zu sein, wie ich bin.
- Ich gestalte mein Leben durch meine Gedanken. Ich habe mich dazu entschlossen, positiv zu denken.

(Aus Louise Hay: Power Thoughts for Teens)

Schreib deinen Satz auf eine kleine Karte oder ein Stück Papier. Steck es in deine Hosentasche, damit du es immer bei dir hast. Schreib den Satz auf mehrere Zettel, die du an verschiedenen, gut sichtbaren Stellen aufhängst. Erzähl deinen Eltern und Geschwistern davon und häng den Satz auf den Spiegel im Badezimmer. Oder kleb ihn in dein Aufgabenheft, das du täglich ansiehst.

Josefine wurde so mutig, dass sie das Papier auf ihren Schultisch klebte. Dadurch erinnerte sie sich selbst ständig an ihre positiven Sätze.

Was hast du in diesem Kapitel gelernt?

_____

_____

Wie kannst du das bisher Gelernte bereits anwenden?

_____

_____

TEENTIPPS

1 Positive Gedanken geben dir den Kick, durch den du dein Verhalten ändern kannst.

2 Finde einen positiven und inspirierenden Satz, den du weiter üben willst.

3 Wenn du das nächste Mal in den Spiegel blickst, sag etwas Positives über dich. Vergiss die negative Kritik.

4 Finde Zeit, in der du allein darüber nachdenken kannst, wie du dein eigener bester Freund sein kannst.

5 Denk an eine Freundin, einen Freund oder ein Familienmitglied, das traurig oder betrübt wirkt. Welche Gedanken hat sie oder er wohl im Kopf? Wie kannst du sie/ihn darin unterstützen, anders zu denken?

6 Übe deine Powergedanken (siehe Seite 60) ein Mal pro Woche. Dann wird es dir bald mit dir selbst besser gehen und du wirst mehr an deine Stärken glauben.

7 Bereite dich auf ein Gelingen vor. Schreib in deinem Kopf einen Spielfilm mit Happy End.

Lern
deine Gefühle
kennen

Worum geht es in diesem Kapitel?

Sind supertolle Gefühle es wert, gejagt zu werden? Gibt es das Glück und kannst du perfekt werden? Das und vieles mehr liest du in diesem Kapitel und lernst dich dadurch besser kennen. Du wirst bemerken, dass du dein Wohlbefinden selbst beeinflussen kannst.

Deine Gefühle können dein Wegweiser sein

Unsere Gefühle teilen uns mit, wie es uns geht. Du kannst herausfinden, was du über dich denkst, indem du deinen Gefühlen nachspürst.

Es ist unmöglich, sich unwohl zu fühlen und gleichzeitig gute Gedanken zu denken. Und umgekehrt ist es unmöglich, sich wohl zu fühlen und gleichzeitig negative Gedanken zu denken. Denkst du z. B. „Ich bin OK, wie ich bin", färbt das auch auf deinen Gemütszustand ab. Die starken und positiven Gefühle wie Freude, Begeisterung und Stolz gewinnen. Genauso, wenn du daran denkst, dass du auf eine Tat stolz sein kannst. Diese Gedanken können selbst den negativsten inneren Papagei übertrumpfen.

Ein Tag in der Hochschaubahn der Gefühle

Im Laufe eines Tages erlebst du ganz unterschiedliche Emotionen. Vielleicht wachst du wegen anstehender Aufgaben in der Schule *nervös* auf. Am Weg in die Schule triffst du einen lieben Freund, mit dem du plauderst, was dich etwas *glücklicher* macht. Du denkst, dass er dich mag.

Nachdem dein Lehrer dein Aufzeigen zum dritten Mal übergeht, wirst du *wütend*. Du denkst, du bist ihm egal und bedeutungslos. Wenn dann in der Pause deine Freunde, mit denen du deine Pausen sonst verbringst, einfach gegangen sind, wirst du *enttäuscht* und verletzt.

Am Weg nach Hause triffst du eine alte Freundin, die dich anlächelt. Du denkst an eure gemeinsamen Erlebnisse und wirst *fröhlich*. Zu Hause fällt dir ein, dass du am nächsten Tag eine schwierige Physikaufgabe abgeben musst, und fühlst dich auf der Stelle *gestresst*. „Ich schaffe es nicht." Weil du dich *frustriert* und *gestresst* fühlst, kämpfst du mit der Fertigstellung. Du schaffst es doch, legst dich aufs Sofa und siehst fern. Du bist ganz *entspannt* und denkst vielleicht: „Jetzt mache ich nichts anderes, als mich auszuruhen."

Wenn du ein schwaches Selbstwertgefühl hast, bekommst du leicht Schuldgefühle, bist frustriert, hast ein schlechtes Gewissen oder schämst dich. Und du bist traurig, enttäuscht oder verletzt. Deine negativen Gedanken sind der Grund für diese Gefühle.

Gefühlsschwankungen

Unsere Gefühle sind unterschiedlich stark. Manche dauern nur kurz, andere kommen immer wieder, manche sind so schwach, dass du sie kaum bemerkst, während dich andere geradezu überwältigen. Und manchmal kommt es vor, dass deine Gefühle in den Keller stürzen. In kurzer Zeit wechselst du von einem Hoch zu einem Tief.

Wenn deine Gefühle so absacken, war irgendetwas die Ursache für deine negativen Gedanken. Und damit kamen deine Gefühle in Fahrt. Könntest du einfach „Supergeil" sagen, wenn dir jemand etwas Unangenehmes mitteilt, würdest du nicht traurig werden. Aber so sind wir zum Glück nicht gebaut. Es wäre gar nicht gut, wären wir gefühlskalt und gleichgültig. Lernst du aber, Gefühle von Gedanken zu trennen, fällt es dir leichter, nicht alles persönlich zu nehmen. Wir irren uns oft, wenn wir glauben, dass uns andere etwas angetan haben. Sie tun es nicht, um uns zu schaden. Würden sie behaupten, du seist ein Baum, würdest du ihnen wohl widersprechen. Warum aber glaubst du es, wenn du dumm oder sonst was Negatives genannt wirst?

Wenn du verletzt wirst und dein Papagei die Lautstärke bis zum Anschlag aufdreht, tust du gut daran, mit dir und ihm darüber zu reden, ob deine Gedanken wahr oder falsch sind.

Einsamkeit ist ein natürliches Gefühl, das wir alle kennen. Sie verschwindet nie ganz. Aber die Einsamkeit überwältigt dich vor allem, wenn du über dich besonders negativ denkst. Dann hältst du es kaum noch in deinem Kopf aus.
Je mehr du dich anderen gegenüber öffnest,
desto stärker wirst du dich mit anderen verbunden fühlen.

Viele Menschen können ihre eigenen Gefühle kaum benennen - und das ist auch nicht immer ganz einfach. Du weißt sicher, wie verwirrend es sein kann, gefragt zu werden, was in dir gerade passiert. Die meisten Menschen beschreiben ihre Gefühle mit sehr oberflächlichen Floskeln. Wir sagen „Ich bin glücklich" oder „Ich bin sauer". Es ist schwieriger zu sagen: „Es hat mich gekränkt, dass Vater mich heute Nachmittag dumm nannte, und ich bin verletzt, weil er nicht erkennen konnte, dass ich wegen meines schlechten Tages traurig war." Es wirkt einfacher, „Ich bin sauer" zu sagen, als zu beschreiben, warum man gekränkt ist.

Um deine Gefühle besser kennenzulernen, musst du lernen, deine Gefühle zu beschreiben. Wenn du nicht sicher bist, was du fühlst, halt inne und frag: „Was fühle ich im Moment?" Du musst es dich jeden Tag immer wieder fragen, um dir bewusst zu machen, was du gerade fühlst. Du wirst die Unterschiede zwischen Kränkung und Wut, Trauer und Verletzung, Scham, Peinlichkeit, zwischen Stress und Kummer kennenlernen.

Um deine eigenen Gefühle zu entdecken, musst du herausfinden, was du in welchen Situationen fühlst und welche deine stärksten Gefühle sind. Fühlst du dich oft gekränkt? Oder bist du oft fröhlich?

Denk an die vergangenen 14 Tage.

Welche Gefühle hattest du?
Beschreib, in welchen Situationen du diese Gefühle hattest.

Wann warst du:

Enttäuscht _____

Traurig _____

Verletzt _____

Einsam _____

Deprimiert _____

Verlegen _____

Peinlich berührt _____

Wütend _____

Fröhlich _____

Jähzornig _____

Begeistert _____

Eifersüchtig _____

Gestresst _____

Beschämt _____

Nervös _____

Schuldbewusst _____

Besorgt _____

Neidisch _____

Ruhig _____

Entspannt _____

Stolz _____

Andere Gefühle? _____

_____

Denk darüber nach, welche Gefühle du in den letzten Wochen oft hattest. Was sagt dir das? Was erzählen dir deine Gefühle? Vielleicht gehören Begeisterung und Stolz dazu. Oder du hast diese Gefühle gar nicht gehabt. Vielleicht hast du dich in den letzten Wochen vor allem deprimiert und verletzt gefühlt?

_____

_____

_____

_____

_____

Was ist Glück eigentlich?

Denk an das letzte Mal, als du dich glücklich gefühlt hast. Welche Gefühle hattest du da genau? Vielleicht denkst du jetzt: „Ich habe mich doch nie glücklich gefühlt." Sei aber nicht frustriert. Manchmal verkleidet sich Glück als Begeisterung, wenn du eine gute Note bekommen hast. Oder du hast Glück empfunden, als die, in die du verliebt warst, auch dich mochte. Oder als du stolz darauf warst, dass du einem Freund etwas Schwieriges gesagt hast. Oder Freude darüber, dass du in der Schule aufgezeigt hast und von deinem Lehrer gelobt wurdest? Glück ist wie ein Sack gemischter Bonbons, der aus Freude, Begeisterung, Anerkennung, Ruhe und Zusammengehörigkeitsgefühl besteht.

Ich schreibe hier nicht über eine allgemeingültige Wahrheit, da es selbstverständlich niemanden gibt, der die Wahrheit über das Glück gefunden hat. Aber ich glaube daran und es hilft mir im Leben. Ich bin nicht auf der Jagd nach Glücksgefühlen, weil ich gelernt habe, dass ich mehrmals täglich Freude erlebe, wenn ich nur die kleinen, guten Dinge bemerke. Ich erlebe Dinge in meinem Leben, für die ich dankbar bin. So ginge es mir nicht, würde ich mich ständig schlechtmachen. Stattdessen schaue ich, worüber ich froh sein kann.

Zeiten, in denen ich gefühlsmäßig im Keller bin, habe ich gelernt zu überstehen, indem ich daran glaube, dass es OK ist. In diesen Zeiten entwickle ich mich am meisten. Und wenn ich aus dem Keller herauskomme, fühle ich mich stärker und habe viel über mich gelernt.

Wir sind auf der Jagd nach Über-drüber-Gefühlen

Ich glaube nicht, dass wir so sehr nach Glück und Freude streben sollten. Es herrscht eine Tendenz vor, dass wir perfekt, gesund und glücklich sein sollten und Probleme selbst lösen sollten - am liebsten schon gestern. Sollten wir? Wenn du darüber nachdenkst, wirst du herausfinden, dass es weder menschlich noch natürlich ist, überglücklich, ewig gesund oder supereffizient zu sein. Wir haben die Möglichkeit, auf dieser Modewelle nicht mitzuschwimmen.

Die meisten Menschen versuchen, den Gefühlen, die sie nicht mögen, zu entkommen. Wenn wir uns langweilen, frustriert oder wütend sind, versuchen wir uns abzulenken. Wir schalten das Fernsehgerät ein, rauchen eine Zigarette, naschen und nehmen Drogen. Alles, um andere Gefühle zu bekommen. Könntest du deinen Stolz und deine innere Kraft spüren, hättest du vielleicht kein Bedürfnis nach Zucker, Zigaretten oder Drogen.

Die Gucci-Tasche macht nur einen Augenblick glücklich

Ein bekannter Psychiater, Richard Davidson, wurde als König der Glücks-
forscher bezeichnet. Er hat unter anderem untersucht, wie es Leuten, die
Millionen im Lotto gewinnen, in ihrem reichen Leben geht. Die Gefühle von
Glück und Freude, die man beim Gewinnen erlebt, halten nicht lange. Er
hat herausgefunden, dass die Meisten erst, nachdem das Geld ausgege-
ben war, ein glücklicheres Leben führten. Sie hatten davon geträumt, dass
alles besser würde. Sie waren aber nach wie vor innerlich die Gleichen und
dachten das Gleiche. Noch immer stritten sie mit ihrer alten Mutter, hatten
weiterhin ein schwaches Selbstwertgefühl und glaubten nicht daran, ihren
Wunschjob je zu bekommen. Und nach wie vor hatten sie nicht den Eindruck, dass sie es wert seien, geliebt zu werden. Das Gefühl, das du hast,
wenn du die neue Gucci-Tasche trägst oder mit dem neuesten Handy
telefonierst, ähnelt der Freude an der Million. Du bist einen kurzen Moment
lang überglücklich, aber schnell holen dich deine normalen Gefühle wieder
ein.

> **„Es kann leicht sein, dass der Versuch,
> glücklicher zu werden, genauso lächerlich ist
> wie der Versuch, größer zu werden,
> wenn man schon erwachsen ist."**
>
> Richard Davidson

„Nur ein bisschen besser"

Willst du hingegen lieber unzufrieden und frustriert durchs Leben gehen?
Dann musst du einfach alles daran setzen, perfekt zu werden. Wenn du
das tust, dann denk darüber nach, ob es überhaupt möglich ist, dieses Ziel
zu erreichen. Ich glaube nicht, dass das möglich ist. Es geht nämlich
immer „noch ein bisschen besser".

Es ist wie in einem Fußballspiel, in dem du hohe Erwartungen an dich
selbst hast, aber darauf vergisst zu beschließen, mit wie vielen Toren du
zufrieden wärst. Wenn du nicht genau weißt, was für dich „perfekt" heißt
und wie viele Tore dir reichen, spielst du einen äußerst frustrierenden
Kampf mit dir selbst.

Du hast die Wahl: Willst du weiterhin unendlich weit entfernten Zielen nachjagen oder willst du darauf pfeifen und ein Leben beginnen, das dir und anderen mehr Spaß macht?

„Unser Ziel sollte es sein, Spaß zu haben, nicht perfekt zu werden."

Mit einem geringen Selbstwert glauben wir, dass wir gemocht werden, sobald wir perfekt sind. Wenn ich etwas nur ein bisschen besser kann, ein bisschen schöner oder lieber werde, dann mögen mich die anderen. So ein Blödsinn! Wir sind alle so, wie wir sind, gut genug. Auch du!

Perfektionist zu sein kann schwerwiegende Konsequenzen haben. Deine Freunde nervt es bald, wenn du nie mit dir oder mit ihnen zufrieden bist. Von der Jagd nach Perfektion wird man richtig erschöpft. Du kannst deine Lebensfreude verlieren, wenn für dich nichts gut genug ist. Du hast die Jagd begonnen und deshalb bist du dafür verantwortlich, sie wieder zu beenden. Lass deine Vorstellungen vom Perfekten los! Jedes Mal, wenn du etwas noch besser machen möchtest, halt inne und lass es!

Mein Papagei wollte nicht tanzen und konnte kein Englisch

Als Teenager war ich bei vielen Partys, bei denen ich mich nicht tanzen traute, weil ich nicht tanzen konnte - das meinte zumindest mein Papagei. Aber ich konnte es ja auch nicht lernen, weil ich mich nicht traute, mich zu blamieren. Erst viel später in meinem Leben bin ich draufgekommen, dass ich meinen Tanzrhythmus finde, wenn ich entspannt bin und Spaß habe. Und dann tanze ich eigentlich ganz gut, finde ich.

Ich glaubte auch, dass mein Englisch zu schlecht sei, um mit anderen Englisch zu sprechen. Ich hatte Angst, dass ich mich blamieren könnte. Eines Tages war ich bei einem Kurs, der auf Englisch gehalten wurde. Dabei fiel mir auf, dass ich ganz gut Englisch sprechen konnte, sobald ich mich entspannte und gut zuhörte. Ich begann damit, meinen inneren Papagei zu übertönen, der ständig Negatives sagte. Heute habe ich keine Angst, Englisch zu reden.

Gib deinen Gefühlen einen Platz

Wenn dich etwas innerlich stört und deine Gefühle in Wallung bringt, dann setz dich hin und deine Atmung wird dir zeigen, was los ist. Hör dazu leise, angenehme Musik, über die du nicht nachdenken musst - am besten ohne Text. Denk daran, dass du in diesem Moment einfach weiterlaufen und deinen Gefühlen aus dem Weg gehen würdest. Halt kurz inne und mach gar nichts. Leg dich hin oder setz dich auf eine Couch und mach nicht das, von dem du glaubst, dass du es tun *müsstest*. Vielleicht *musst* du momentan gar nichts tun, außer nachzuspüren, was in dir geschieht. Manche Menschen werden gestresst, weil sie vor ihrem eigenen Körper und ihren eigenen Gefühlen flüchten. Sie hören nicht auf die schwachen und starken Signale wie Unausgeglichenheit, Konzentrationsmangel oder Aufregung. Dein Körper würde *Stopp sagen*, könnte er sprechen.

Manche Menschen haben Angst vor unangenehmen Gefühlen, die beim Hinlegen und Gefühlen-Nachspüren auftauchen könnten. Entspann dich, es tut dir gut, wenn du deinen Gefühlen Aufmerksamkeit schenkst. Früher oder später bekommst du die Antworten auf deine Fragen. Was ist, wenn du der beste Coach für dich bist?

Wenn du deine Gefühle so zulässt, wie sie sind, verschwinden sie. Wenn du merkst, dass du traurig bist und dich ausweinen kannst, vergeht die Emotion meist. Es sind nur Emotionen und du brauchst keine Angst vor ihnen zu haben. Es wird nur schlimmer, wenn du deinen Emotionen nicht nachspürst.

„**Egal**, was in meinem Leben passiert, **ich komme klar. Alles kommt,** wie es kommt, und **ich lerne die ganze Zeit dazu.**"

Louise Hay

Isas Geschichte

Ich hatte einmal das Vergnügen, ein Mädchen kennenzulernen, dem es schwerfiel, etwas zu tun, das nicht ganz sicher, angenehm und vertraut war. Sie hieß Isa. Sie wollte auf eine Party gehen, konnte aber nicht, weil sie sich so unsicher fühlte. Sie wollte auch ihre Freunde treffen, sagte aber oft Treffen ab, weil sie Sorge hatte, etwas falsch zu machen. Auf diese Weise hinderten ihre Gefühle sie daran, das zu tun, was sie wirklich gerne wollte. Genauso wie der innere Papagei. Sie konnte erst ihre Gefühle kontrollieren, nachdem sie gelernt hatte, sich zu entspannen.

Isa lernte durch Übungen, die ich hier noch vorstellen werde, sich zu entspannen. Zuerst fand sie die Übungen eigenartig, konnte aber mit ihnen ihre Sorgen und Unsicherheiten reduzieren und ihre negativen Gedanken über sich selbst in den Griff bekommen.

Finde dich selbst

Diese Übung hilft dir, wenn du gestresst, nervös, unsicher oder traurig bist. In solchen Situationen ist es am besten, wenn du tief in den Bauch einatmest. Nicht ohne Grund sagt man Leuten im Schockzustand, dass sie einen tiefen Atemzug machen sollen.

Lausche schöner und ruhiger Entspannungsmusik, zünde eine Kerze an und wickle dich in eine Decke. Leg dich entspannt hin, mit den Armen neben deinem Körper.

Atme langsam ein und aus. Atme durch die Nase ein und durch den Mund aus. Tu das, bis du zur Ruhe kommst. Atme kräftiger aus als sonst. Lass gleichzeitig deine negativen und schlechten Gedanken ausströmen. Atme beim nächsten Einatmen neue Power und gute Gedanken ein. Lächle dabei.

Am Anfang fühlt es sich vielleicht seltsam an, ruhig dazuliegen und nichts zu tun. Vielleicht machst du das ja auch nicht so oft. Genau deshalb ist das eine gute Übung. Wenn du eine Zeit lang sehr traurig bist und alles persönlich nimmst, ist es das Beste, was du für dich tun kannst, in dich zu gehen. Wenn du daliegst, kommen vielleicht Gedanken, die dich von der Entspannung ablenken. Sag zu jedem dieser Gedanken „Nein, danke". Lass deine negativen Gedanken sein und denk auch nicht darüber nach, was du noch tun musst, was morgen in der Schule passiert oder ob Lisa noch sauer auf dich ist. Vergiss deine Sorgen und werde ganz leer.

Atmen ist Leben. Wenn du deine Luft gut nutzt, bekommst du neuen Sauerstoff und neue Lebenskraft. Es gibt viele gute Übungen, die man in

Yoga oder Meditationskursen lernt, mit denen man seine innere Ruhe und Kraft findet.

Wie findest du die Freude wieder?

Es ist ohnehin schon hart, traurig oder wütend zu sein, es ist noch härter, wenn man diese Emotionen für sich behält. Es ist wichtig, die schmerzhaften Gefühle nicht allein herumzutragen. Sie werden schlimmer, wenn du mit deinem Papagei ein Geheimnis daraus machst.

Hör auf damit, Traurigkeit zu einem Geheimnis zu machen! In der Gemeinschaft fühlt man sich oft geborgen und das kann dir helfen, wieder Hoffnung zu schöpfen. In meinen Kursen für Teenager höre ich oft, dass Jugendliche sich mit ihren Emotionen alleingelassen fühlen und dass sie weder mit ihren Eltern noch mit ihren Freunden darüber reden. Sobald wir entdecken, dass es allen so geht, finden wir es verrückt, dass wir uns alle alleingelassen fühlen. Man könnte ja genauso gut miteinander reden.

Manche Jugendliche behalten schmerzvolle Emotionen für sich, weil sie andere Menschen nicht belasten wollen. Sie wollen ihren Eltern und Freunden keine Sorgen bereiten. Was würdest du denken, wenn deine Freunde oder Familienmitglieder zu dir kämen, um dir zu erzählen, wie es ihnen wirklich geht? Ich habe gelernt, dass es ein grundlegendes Bedürfnis von Menschen ist, anderen etwas zu bedeuten. Etwas beitragen zu können, wenn jemand in Gefahr ist, und zu fühlen, dass wir einander unterstützen können.

Die meisten Jugendlichen, mit denen ich gesprochen habe, sagen, dass es das Schönste ist, wenn man seinen Freunden ein guter Freund sein kann. Jemandem zuhören zu können.

Gib anderen die Möglichkeit, dich zu unterstützen und dir zuzuhören, wenn du nicht mehr weiterweißt. **Bitte andere, dir zuzuhören.** Es hat etwas Heilendes, wenn man traurig ist und liebevollen Ohren seinen Kummer anvertrauen kann.

Entdecke die Freude mit anderen

Hättest du nur noch eine Woche zu leben, was würdest du dir nahestehenden Menschen erzählen? Wem würdest du erzählen wollen, wie wichtig er für dich ist? Mach eine Liste, in der du notierst, was du für wen empfindest. Was schätzt du an ihnen? Gibt es etwas, wofür du ihnen danken willst? Was haben sie dir in deinem Leben gegeben?

Welche Menschen bedeuten dir am meisten?

Schreib auf, welche fünf bis sieben Menschen dir am wichtigsten sind und was sie dir gegeben oder beigebracht haben:

1 _____

2 _____

3 _____

4 _____

5 _____

6 _____

7 _____

DAS LEBEN FINDET JETZT STATT!

Übernimm die Verantwortung für deine Gefühle

Niemand und nichts außer dir kann deine Gefühle oder Gedanken steuern. Hör also damit auf, anderen vorzuwerfen, dass du dich aufregst oder traurig bist. Gib anderen nicht die Schuld für deine negativen Gefühle. Ich meine damit selbstverständlich nicht, dass du alles über dich ergehen lassen und akzeptieren sollst, wenn jemand deine Grenzen überschreitet. Lass sie nur nicht die Ursache dafür sein, dass es dir schlecht geht.

Wenn jemand zu dir beispielsweise sagt, dass du grünes Haar hast, obwohl deines braun ist, dann weißt du, dass er etwas Falsches sagt. Sagt jemand, dass man sich auf dich nicht verlassen kann, obwohl du weißt, dass auf dich Verlass ist, dann weißt du auch, dass er sich irrt. In solchen Situationen werden deine Emotionen nicht so beeinträchtigt, wie wenn du die Aussage persönlich nehmen würdest. Die Ursache dafür, dass dich etwas verletzt, ist, dass du etwas persönlich nimmst. Nicht, weil die andere Person etwas gesagt hat.

Wir sind alle für unsere Gefühle verantwortlich. Es kann provokant wirken, zu erfahren, dass du selbst für die Emotionen, die dir die Freude am Leben nehmen, verantwortlich bist. Wenn deine Erwartungen nicht erfüllt werden, bist du enttäuscht und fängst an zu leiden.

Solltest du nicht an dich selbst glauben, werden viele deiner Erlebnisse negativ gefärbt, was wiederum deine Emotionen negativ beeinflusst. Z. B. bemerkst du am Weg in die Schule einen hübschen Burschen oder ein schönes Mädchen, der/das dich anschaut. Du denkst, dass er/sie nur schaut, weil du hässlich bist, und du wirst traurig oder deprimiert. Es ist aber deine eigene Interpretation, die dich dazu bringt, so zu fühlen. Was aber, wenn du dich geirrt hast und sein/ihr Blick „Du schaust aber lieb aus!" bedeutet hat? Hättest du gleich so gedacht, hättest du dich geschmeichelt, leicht und glücklich gefühlt. So hätte dir der Blick Energie für einen ganzen Schultag gegeben. Was, wenn die Welt ganz anders ist und das, was du für Wahrheit hältst, gar nicht wirklich ist?

Worauf konzentrierst du dich?

Genauso wie dir ein Teufelskreis einen schlechten Tag beschert, beeinflussen auch positive Gedanken deinen Tag. Entscheidend ist, worauf du dich konzentrierst. Stehst du morgens mit dem Gedanken „Das wird ein toller Tag, an dem etwas Gutes passieren wird" auf, hast du deinen Tag schon in die Hand genommen und übernimmst Verantwortung für die nächsten Stunden. Du kannst natürlich nicht das Verhalten anderer Menschen steuern. Du hast auch keine Kontrolle darüber, von welchen Emotionen sie sich leiten lassen. Du kannst aber deine eigenen Gedanken steuern und dadurch für gute Gefühle sorgen.

Wenn du an etwas Vergangenes denkst, aktivierst du Gefühle, die du während des Erlebnisses hattest. Deine Gefühle sind Schalter, die du bedienen kannst. Du kannst mit ihnen etwas Positives bewirken. Vielleicht hattest du schon schöne Tagträume oder hast zu Hause allein zu cooler Musik getanzt und bist dadurch in richtig gute Stimmung gekommen.

In manchen Momenten unseres Lebens fühlen wir, dass alles gut ist. Wir sind glücklich und vergessen für einen Moment unsere Probleme. Versuch in einem Tagtraum an eine schöne Zeit in deinem Leben zu denken. Was machte dich damals glücklich? Welchen Einfluss hat dein Glücksgefühl auf dein Selbstbild? Wie ging es dir mit dir selbst? Welche Gefühle hattest du? Wer war in dieser Situation bei dir? Versuch dich genau an die Situation zu erinnern. Wenn du das tust, gehst du neue Wege. Denk daran, dass es unmöglich ist, positiv zu denken und sich gleichzeitig schlecht zu fühlen.

Was macht dich glücklich?

Tust du jeden Tag etwas, das dich glücklich macht? Wenn nicht: Warum eigentlich nicht? Wenn du es liebst, ein Vollbad zu nehmen, laufen zu gehen, mit deinem Hund zu spielen, zu cooler Musik zu tanzen, wenn du allein zu Hause bist, dann tu es, wenn du deine Stimmung heben willst. Es gibt keine Entschuldigung dafür, nicht immer wieder etwas für sich zu tun.

Notiere, was dich glücklich macht

1 _____

2 _____

3 _____

4 _____

5 _____

6 _____

7 _____

8 _____

9 _____

10 _____

Such dir zwei dieser Dinge aus und mach sie heute. **Viel Vergnügen!**

Was hast du in diesem Kapitel gelernt?

_____

_____

_____

_____

Was möchtest du in deinem Leben bereits jetzt ändern?

_____

_____

_____

_____

TEENTIPPS

1 Denk daran, dass Glücksgefühle durch positives Denken über Erlebtes entstehen. Frag dich, was dich in schlechte Stimmung bringen kann. Notiere zehn Dinge, die dich in schlechte Stimmung bringen können, und denk darüber nach, welche Gedanken diese Stimmung erzeugen.

2 Alle haben Konflikte und es kann schwer sein, sie durchzustehen. Wähle deine Konflikte mit Bedacht und denk darüber nach, worüber du nicht mehr streiten willst.

3 Trainierst du deine positiven oder deine negativen Seiten? Als Teenager kann es einem passieren, dass man die negativen Gedanken und Emotionen trainiert. Diese Emotionen können dann zur Gewohnheit werden. Findest du, dass es Zeit ist, das zu ändern?

4 Denk daran, dass du nie das gesuchte Glück durch Geld, Beliebtheit oder Perfektion erreichen kannst. Glück kommt von innen.

5 Manchmal kannst du über dich selbst lachen, andere Male musst du weinen, damit es dir wieder besser geht.

„Ich habe doch vor nichts Angst"

Worum geht es in diesem Kapitel?

In diesem Kapitel möchte ich dir zeigen, dass du dich durch deine Angst nicht stoppen lassen musst. Viele Teenager kennen die Angst vor dem Scheitern. Du kannst Angst davor haben, dir dumm vorzukommen, oder davor, etwas nicht zu können. Vielleicht hast du auch davor Angst, dass andere herausfinden, dass du nicht so bist, wie sie glaubten. In diesem Kapitel werde ich dir eine Möglichkeit zeigen, mit der du deinen Lebensmut besser einsetzen kannst. Du wirst lernen, deine Geborgenheitszone zu verlassen.

Was ist Angst?

Wenn man von Angst spricht, denken viele zuerst an die Furcht vor Spinnen, Dunkelheit oder Gespenstern. Die Angst vor Überfällen, davor, dass man selbst oder jemand Nahestehender stirbt oder verunfallt. Aber in diesem Kapitel will ich von der Angst sprechen, die du erleben kannst, wenn du mit anderen Menschen zusammen bist. Wenn du Angst hast, allein zu sein, oder Angst davor hast, dich von den anderen zu unterscheiden und gegen den Strom zu schwimmen. Vielleicht trägst du die Kleidung, die gerade „in" ist, weil du Angst vor dem Anderssein hast.

Für Jugendliche ist es ganz natürlich, der Gruppe zu folgen und entsprechend zu handeln. Es ist eine Zeit, in der man Angst hat, sein wahres Gesicht zu zeigen und die Maske fallen zu lassen. Aber es ist auch wie in einem Gefängnis. Wenn du dich traust, Du zu sein, dann bist du viel glücklicher und freier.

Angst ist ein menschliches Grundgefühl. Wenn Tiere Gefahr wittern, ist ihr ganzer Körper auf Verteidigung eingestellt, damit sie ihr Leben durch Flucht oder Kampf retten können. Denk an einen Hasen. Der sitzt ganz still und dreht seine Ohren, um die Gefahr zu orten, und plötzlich macht er weite Sprünge durch das Gebüsch. Er läuft aufgrund seiner Angst schneller. Genauso wie Menschen, die ihr Leben in kritischen und gefährlichen Situationen retten können, weil sie Angst haben.

In solchen Situationen werden die ältesten Teile unseres Gehirns aktiviert. Diese brauchst du, wenn du Schmerzen und Unangenehmem ausweichen willst. Sie bewirken, dass du schnell läufst, wenn du am Heimweg nach einer Party Angst vor der Dunkelheit bekommst. Dein Körper reagiert auf deine Gedanken, wenn du dir vorstellst, dass dich ein geheimnisvoller Schatten verfolgt. Du bekommst Herzklopfen, dein Puls wird schneller und du fängst vielleicht zu schwitzen an. Du möchtest flüchten und so schnell wie möglich nach Hause.

Aber denk kurz darüber nach. Du stellst dir etwas vor und sofort spielt dein Körper verrückt. Welch fantastische Fähigkeit, der wir Menschen viel Power verdanken. Obwohl dich niemand verfolgt hat, brachte dich die Vorstellung von einem mystischen Verfolger dazu, schneller zu laufen als der Hase übers Feld.

Man hat die Ängste der Menschen viele Jahre lang erforscht. In mehreren psychologischen Untersuchungen hat man herausgefunden, dass die Kraft unserer Gedanken Angstgefühle so stark werden lassen kann, dass wir einen so schnellen Puls bekommen, wie wenn ein Tiger uns angreift.

Wenn wir uns darauf konzentrieren, was in unserem Leben alles schiefgehen könnte, werden unsere Emotionen ständig verstärkt und wir werden zunehmend ängstlich.

Ist deine Angst real?

Wenn du vor etwas Angst hast, kreisen deine Gedanken wahrscheinlich um ein Ereignis, das in der Zukunft liegt. Jetzt könnte ich fragen: Wie oft tritt das ein, was du befürchtest? Sobald du das Geheimnis der Angst durchschaut hast, fällst du durch sie nicht mehr in ein schwarzes Loch. Du kannst durch deine Ängste viel über dich lernen: Welche Angst fühlst du in einer bestimmten Situation? Wo in deinem Körper sitzt die Angst? Geh in dich und beobachte deine Angst. Sie wird oft in dem Moment verschwinden, in dem du versuchst, sie zu verstehen. Genau wie damals als Kind, als du Geräusche hörtest und nicht einschlafen konntest. Du hast das Licht eingeschaltet und deine Mutter fand heraus, dass unter dem Bett ein batteriebetriebenes Spielzeugauto dieses komische Geräusch gemacht hat.

Wäre Angst real und lebendig, würde sie Aufmerksamkeit und Scheinwerferlicht hassen. Du würdest sie durchschauen und nicht mehr an ihre Gefährlichkeit glauben.

Warum empfinden Teenager das Leben so intensiv?

Wenn du als Teenager in die Pubertät kommst, geschieht jede Menge in deinem Körper - sowohl hormonell als auch mit der Entwicklung deines Körpers. Du kannst die körperlichen Veränderungen deutlich sehen. Ich behaupte, dass sich innerlich mehr verändert als äußerlich. Mit 12 Jahren entwickelst du dich mit etwa 30 km/h, mit 13 bis 19 Jahren mit ungefähr 120 km/h. Bei manchen beginnt die Pubertät schon vor ihrem 12. Geburtstag und bei manchen hört sie schon mit 17 auf.

Die Zeit als Teenager ist die Zeit, in der du dich selbst und deine eigene Identität findest. Davon kann man ganz schön verunsichert werden. Was soll aus dir werden? Wirst du ein gutes Leben, eine schöne Beziehung haben und in deinem Beruf glücklich sein? Es ist eine Zeit, die vielleicht mehr von Angst geprägt ist als dein bisheriges Leben. Das ist aber ganz natürlich und es ist deshalb wichtig, dass du deine Angst nicht überbewertest und nicht vergisst, dass das ein natürlicher Teil deiner Teenagerjahre ist.

Man kann sagen, dass in der Pubertät alles etwas verstärkt wird. Du fühlst deine Emotionen stärker als davor. Dein „Gefühlshirn" entwickelt sich in diesen Jahren schnell. Deshalb kannst du dich stärker verlieben und trauriger auf Verletzungen reagieren als in deiner Kindheit. Du spürst sicher, dass du vieles persönlicher nimmst und mehr analysierst als je zuvor. Alle Menschen erleben das in der Pubertät. Sogar deine Eltern, der härteste Lehrer und der coolste Hip-Hopper haben das durchgemacht. Alles, was du zum ersten Mal tun musst, kann dir unheimlich vorkommen. Bei neuen Erlebnissen entsteht Angst automatisch. So geht das allen. In der Pubertät hast du es aber mit einer doppelten Dosis Angst im Körper zu tun. Wozu soll das gut sein? Meine Freundin Tanja sagt mir oft, dass ich mich mit meinen Gefühlen der Unsicherheit anfreunden sollte, weil sie nicht verschwinden werden, solange ich mich entwickle. Und das tun wir ja zum Glück ständig.

Wie viel Angst hast du vor dem Scheitern?

Wenn du immer ganz und gar auf der sicheren Seite sein willst, lebst du fast wie in einem Gefängnis. Du hast keine Freiheit in deinem Leben, wenn du nie dein Glück versuchst. Kannst du dich an die ersten Kapitel des Buches erinnern, in denen es um die Entwicklung des Selbstwertes und um deine Entwicklung zu dem/der, der/die du heute bist, gegangen ist? Ich habe von Louise (siehe S. 28) erzählt, die ausgelacht wurde, weil sie in Englisch etwas Falsches gesagt hatte.

Du hast sicher auch einige Erlebnisse in deinem Leben gehabt, die du am liebsten nicht gehabt hättest. Du wurdest vielleicht geneckt, gemobbt oder aus einer Gruppe ausgeschlossen. Vielleicht haben dich deine Mitschüler ausgelacht, nachdem du im Unterricht etwas gesagt hast. Es ist nicht angenehm, sich ausgelacht oder dumm zu fühlen. Und wir beschließen in unserem Kopf oft, dass so etwas nie mehr geschehen darf. Wenn du dich aber entscheidest, dass etwas „nie wieder" geschehen darf, schlitterst du immer tiefer in ein Gefängnis, weil du immer mehr Dinge meidest. Du versäumst die tollen Jungs und schönen Mädchen, in die du dich verlieben könntest oder die deine besten Freunde werden könnten. Dir entgeht das Erfolgserlebnis, im Unterricht etwas gesagt zu haben, und du verpasst Erlebnisse, die dein Leben bereichern könnten.

Du wirst keine Erfolgserlebnisse haben, wenn du nicht auch den einen oder anderen Misserfolg in Kauf nimmst. Viele Menschen haben fantastische Dinge gemacht, weil sie sich von einem Misserfolg nicht haben stoppen lassen.

Im Amerika der 1930er Jahre lebte ein Herr Colonel Sanders, der ein fantastisches Hühnerrezept kreiert hatte. Er ging von einem Restaurant zum anderen, um das Rezept groß herauszubringen. Aber alle sagten höflich „Nein, danke" zu seinem guten Huhn. Er bekam gezählte 1009 Abfuhren, bevor er ein Ja hörte. Das war der Beginn der Restaurantkette

Kentucky Fried Chicken (KFC), die weltweit gesehen fast so groß wie McDonald's ist. Glaubst du nicht auch, dass er vor lauter Absagen ab und zu ein wenig frustriert war? Aber er ließ sich durch die Gefühle des Misserfolges nicht von seinem Plan abbringen.

Oder denk an Paprika Steen, eine bekannte dänische Schauspielerin, die 13 Mal an der Theaterschule abgewiesen wurde, bevor sie schließlich aufgenommen wurde. Seitdem hat sie viele Rollen gespielt, darunter die Hauptrolle im Film *Vikaren*. Glaubst du nicht, dass sie manchmal ein wenig entmutigt war? Dennoch hat sie weitergemacht, bis es ihr gelungen ist.

Nicht nur du bekommst Angst, wenn du etwas Neues erlebst – das tun alle!

Drei Formen der Angst

Ich möchte drei verschiedene Arten von Angst unterscheiden, je nach Veranlagung und Erlebnissen. Ich selbst kenne vor allem eine Form, die „Angst davor, bei etwas entdeckt zu werden". Wenn ich traurig oder unzufrieden mit mir bin, habe ich Angst davor, dass andere bemerken könnten, dass ich nichts wert bin, wenn ich nicht besonders gute Ergebnisse liefere. Dann glaube ich, dass mein Selbstwertgefühl von meiner Tüchtigkeit abhängt. Welche Angst kennst du am besten?

Die Angst davor, etwas nicht zu schaffen ...

- Ich halte es nicht aus, traurig zu sein.
- Ich halte es nicht aus, einsam zu sein.
- Ich halte es nicht aus, ausgelacht zu werden.
- Ich halte es nicht aus, von jemandem, den ich liebe, verlassen zu werden.
- Ich halte es nicht aus, in der Schule aufzuzeigen und dann einen Fehler zu machen.

Die Angst davor, dass man entdeckt ...
- dass ich meinen Job in Wirklichkeit nicht gut mache.
- dass die Mitschüler in meiner neuen Klasse herausfinden, dass ich dumm bin.
- dass meine neue Freundin/mein neuer Freund herausfindet, dass ich nichts wert bin.
- dass meine Freunde herausfinden, dass ich unzuverlässig bin.

Die Angst davor, einen dummen Eindruck zu hinterlassen ...
- Ich darf nicht auffallen.
- Ich darf nicht herumalbern.
- Ich darf meine Gefühle nicht zeigen, wenn ich traurig bin.
- Ich darf nichts zu gut können.
- Ich darf meine Meinung nicht sagen, weil ich dann einen „dummen Eindruck" mache.
- Ich darf nicht Nein sagen, wenn die anderen Ja sagen, weil ich dann „dumm" dastehe.

Wenn du deine Angst genau beleuchtest und herausfindest, wie sie funktioniert, kannst du dich mit ihr anfreunden. Welche der oben genannten Sätze gehen dir durch den Kopf, wenn du unsicher oder ängstlich bist? Du kennst sicher einige und hast auch deinen „Lieblingssatz".

Welche Angst ist dir am vertrautesten? Beschreib sie hier:

Faul oder unsicher?

Im Kapitel über den inneren Papagei (siehe S. 47) hast du gelernt, dass du durch Unsicherheit und Angst ganz schön schlapp wirst. Du hast sicher schon erlebt, wie es ist, eine Englisch- oder komplizierte Physikaufgabe fertig stellen zu müssen. Du denkst „Morgen ist auch noch ein Tag" und hoffst, dann motivierter zu sein. Dadurch verschiebst du die unangenehme Aufgabe. Es fällt dir immer schwerer, deine Englischaufgabe, die bereits fertig sein sollte, fertig zu stellen, und gleichzeitig wächst deine Angst oder Unsicherheit. Deine Lust, abzuschalten und durch die Fernsehkanäle zu zappen oder zu bloggen, wächst mit deiner Unsicherheit.

Bei mir ist das auch so. Das ist ganz normal. Deine Eltern, deine Freunde, dein Nachbar und selbst deine Lehrer haben ab und zu diese „Ich-mach-das-morgen"-Gedanken. Wir tun uns damit wirklich keinen Gefallen, weil wir uns um das Glücksgefühl bringen, das wir beim Beenden der Arbeit haben. Und wir leiden, wenn wir Arbeiten aufschieben.

Folgendes passiert, wenn du Arbeiten aufschiebst:

- Du wirst müde.
- Deine Gedanken werden schwer und negativ.
- Oft wirst du dich in deinen Gedanken heruntermachen.
- Die Aufgabe, die zu erledigen ist, entwickelt sich zu einem Monster, das dein Gehirn überfällt, und ist nicht mehr nur ein Englischaufsatz.
- Du gibst anderen die Schuld, weil sie dir die Aufgabe gegeben haben.
- Durch deine Sorge wird es für andere mühsam, mit dir zusammen zu sein.
- Du fühlst dich abgeschlagen, müde und wirst oft traurig.

Negative Gedanken können dazu führen, dass du nichts von dem unternimmst, was du sonst immer gemacht hast. Deine Gedanken haben dich unsicher gemacht, was dazu führen kann, dass du Angst vor dem Scheitern bekommst. Im Fußballtraining ist es dir die letzten drei Male kaum gelungen, Tore zu machen. Du denkst, nicht gut genug zu sein, und fängst an, mit einer anderen Sportart zu liebäugeln. Oder du hast eine schlechtere Note auf deine Aufgabe bekommen und verlierst die Lust, dein Bestes zu geben. Du denkst vielleicht: „Ich werde es nie können, kann es also gleich bleiben lassen."

Ich glaube nicht, dass es Faulheit ist, wenn wir Hobbys aufgeben. Und ich glaube, dass es gute Gründe gibt, wenn wir eine Sportart nicht mehr ausüben. Wir müssen aber nichts aufgeben.

Ich habe in meiner Coaching-Ausbildung am Mindjuice-Institut in Dänemark viel über mich gelernt. Durch meine Trainerin habe ich erfahren, dass Faulheit ihre Wurzeln in der Angst hat. Wenn wir vor etwas Angst haben oder unsicher sind, meiden wir es. Wir warten „nur ein bisschen" oder schwänzen. Denk darüber nach, ob du nicht unsicher warst, als du das letzte Mal etwas aufgeschoben, geschwänzt oder abgesagt hast.

Ich habe immer meine Englischaufgaben aufgeschoben oder manchmal gar nicht gemacht. Das war auch der Unterricht, den ich am meisten geschwänzt habe. Ich hatte den Eindruck, nicht gut genug zu sein, und wollte diesem Gefühl durch Schwänzen entgehen. Kennst du das? Vielleicht musst du dich zwingen, deine Aufgaben zu machen, und fühlst dich dabei so schlecht, dass du ewig bei ihnen sitzt. Das kommt daher, dass dein innerer Papagei ständig damit beschäftigt ist, dich zu kritisieren, und dass du diesem Papageiengeschrei glaubst.

Welchen Aufgaben versuchst du aus dem Weg zu gehen? Kreuze an ×

- Manche Freunde rufe ich nicht mehr so oft an.
- Ich treffe meine Freunde nicht mehr so oft.
- Ich habe die Freude an der Schule verloren.
- Ich habe die Freude am Sport verloren.
- Ich spreche mit meinen Freunden nicht mehr darüber, wie es mir geht.
- Schulaufgaben, die mir schwerfallen, versuche ich zu vermeiden.
- Ich habe angefangen, das Training zu schwänzen.
- Ich kann mich nicht zusammenreißen, meine Aufgaben zu machen.
- Ich mache meine Aufgabe im letzten Moment.
- Ich habe keine Lust mehr, mit meinen Freunden auf Partys zu gehen.
- Ich meide Orte, an denen ich früher war, Orte, die mit meinen negativen Gedanken zusammenhängen.
- Ich gehe Menschen aus dem Weg, von denen ich annehme, dass sie schlecht über mich denken.
- Anderes?

Denk über Folgendes nach:

Hast du vor den angekreuzten Situationen Angst oder machen sie dich unsicher?

Ganz ehrlich: Was denkst du in diesen Situationen über dich? Glaubst du, dass dich deine Gedanken stoppen?

Denk daran:
Du bist kein Looser, wenn dir etwas nicht gelingt.
Du bist ein Winner, wenn du es versuchst.

Was ist deine Geborgenheitszone?

Deine Geborgenheitszone kann ein angenehmer und sicherer Ort sein. Es ist die Zone, in der du bist, wenn du dein Zuhause einer Party vorziehst, wenn du davon ausgehst, dass du am Spaß nicht teilhaben kannst. Es ist die Zone, in der du bist, wenn du dich aufs Sofa legst, um durch die TV-Kanäle zu zappen, statt schwere Aufgaben zu erledigen. (Die können ja bis morgen warten.)

Wenn du dich immer sicher fühlen willst, bevor du etwas angehst, befindest du dich in der Geborgenheitszone.

Vielleicht fragst du dich jetzt, warum du diesen angenehmen Ort verlassen solltest, wenn keine Gefahr droht. Aber wir leben in einer trügerischen Traumwelt, wenn wir glauben, dass wir uns vor Unsicherheit drücken können. Niemand hat ein völlig sicheres Leben ohne Frust und Sorgen. Du kannst davon ausgehen, dass das Leben voller Irrtümer ist. Und merke dir, dass du immer Unsicherheit und Angst fühlst, wenn du Neues probierst.

„Was wäre, wenn …"

Solange du Träume und Ziele in deinem Leben hast, tauchen auch Ängste auf. Dein innerer Papagei flüstert: „Was wäre, wenn …" Denk darüber nach, wie oft du dich das gefragt hast. Ich kenne viele Menschen, die ihre Geborgenheitszone verlassen und Leuten, die sie verunsichert haben, ihre Meinung sagen wollten. Sobald sie aber das Risiko spürten, machten sie einen Schritt zurück in ihre Geborgenheitszone.

Viele Jugendliche wurden umsichtig und fürsorglich erzogen. Viele wurden zu sehr behütet. Sie wurden in Watte gepackt und dann ist es kein Wunder, wenn sie verweichlichen. Verzweifle nicht, wenn du dich in diesem Bild wiedererkennst. Es ist nie zu spät, sich am Riemen zu reißen, um die ersten Schritte aus der Geborgenheitszone heraus zu machen. Ich verspreche dir, dass du auf dich stolz sein wirst, wenn du dein Leben lebst, statt auf den „richtigen Tag" zu warten.

Wenn du dein Leben auf Sparflamme lebst, entgeht dir so viel. *Gib Gas* und finde deine *eigenen Wege* außerhalb deiner Geborgenheitszone.

TEST

Wie viel Zeit verbringst du in deiner Geborgenheitszone?
Schreib neben jede Frage eine Zahl zwischen 0 und 5.
0 bedeutet, dass du das Gefühl gar nicht kennst. Schreib 1, wenn du es ein bisschen kennst, und 5, wenn es dir sehr vertraut ist.

___ Ich langweile mich oft.

___ Ich habe das Gefühl, dass ich nichts wirklich gut kann.

___ Ich fordere mich selbst selten heraus.

___ Ich habe den Eindruck, dass ich nach der Schule nur sinnloses Zeug mache.

___ Ich habe keine Ziele.

___ Ich habe Angst, Neues zu probieren.

___ Ich nehme an keinen Freizeitaktivitäten teil, weil ich nichts machen will, was ich nicht schon beherrsche.

___ Ich finde, dass mein Leben im Moment etwas sinnlos ist.

___ Ich sage oft „Nein, ich bleibe zu Hause und schaue fern" oder etwas Ähnliches.

___ Ich kann mich für nichts in meinem eigenen Leben oder im Leben anderer begeistern.

___ Ich bin mir nicht sicher, ob ich etwas gut kann, denn ich habe mich nie bemüht, neue Talente oder Fertigkeiten zu entwickeln.

___ Ich weigere mich, bei neuen, mir unbekannten Aktivitäten mitzumachen.

___ Ich erzähle niemandem, wenn ich traurig oder einsam bin.

___ Ich fühle mich oft einsam.

___ Ich habe keine Freunde und bin oft allein.

___ Ich habe die letzten zwei Wochen nicht ein einziges Mal in der Schule aufgezeigt.

___ Ich habe einen großen Bedarf an Unterhaltung durch Fernsehen, Kino, Internet und Ähnliches.

Auflösung

Zwischen 70 und 85 Punkte: Du bleibst oft in deiner Geborgenheitszone. Du bist jemand, der zu viel nachdenkt, viele Gefühle hat und zu wenig handelt. Du bist zu sehr „in deinem Kopf". Du hast dich daran gewöhnt, in deiner Geborgenheitszone zu bleiben, sodass deine Gewohnheiten dich behindern. Du glaubst deinem inneren Papagei viel und erlebst deine Ängste als sehr bedrohlich. Wenn du deine Gefühle stark spürst, lässt du dich von ihnen stoppen und tust manches nicht, was dir Spaß machen würde. Es ist, wie wenn du auf dem 1m-Brett in der Schwimmhalle stehst und viel darüber nachdenkst, was bei einem Sprung passieren könnte. Das Verrückte dabei ist, dass du genauso gut wie die anderen vom 10m-Brett springen kannst. Es sind nur deine Gedanken, die dich am Springen hindern.

Gewöhn dich daran, zu denken, dass du das, wovor du Angst hast, schaffen kannst. Versuch, dein Vertrauen in dich und das Leben zu entwikkeln. Zähl bis 3 und spring!

Zwischen 50 und 70 Punkte: Ich glaube, dass es dir gut tun würde, mehr unter Menschen zu gehen. Wenn du mit niemandem darüber sprichst, wie es dir geht, solltest du vielleicht daran zuerst etwas ändern. Finde jemanden, dem du vertrauen kannst, und versuche dich ihm/ihr gegenüber zu öffnen. Wenn du über deine Gefühle der Angst oder auch Traurigkeit sprichst, wird es dir leichter fallen, sie auszuhalten.

Zwischen 30 und 50 Punkte: An manchen Tagen bewegst du dich aus der Geborgenheitszone heraus. Du machst sicher auch Dinge, auf die du keine Lust hast und findest auch für sie den nötigen Mut. Das ist gut so! Vielleicht hast du dich auch wieder einmal in die Geborgenheitszone zurückgezogen. Vielleicht gibt es Sachen, die du erreichen willst, und du steckst dir Ziele. Aber du erschrickst und ziehst dich wieder zurück. Wenn du dann wieder allein bist, schimpfst du über dich selbst, weil du dies oder jenes falsch gemacht hättest.

Zwischen 0 und 30 Punkte: Deine Stärke ist es, dein Glück zu versuchen und neue Wege in deinem Leben zu finden. Selbstverständlich hast du Tage, an denen du allein sein willst, an denen du dich einsam fühlst, traurig bist usw. Du schaffst es aber, da herauszukommen und Mut und Kraft für den Alltag wiederzufinden. Du schaffst es, deiner Angst in die Augen zu sehen und deine Geborgenheitszone zu verlassen. Mach weiter so!

Befrag dich zu deiner Geborgenheitszone: Wann machst du es dir einfach und bleibst dort? Was spielt sich außerhalb deiner Zone ab? Woher weißt du, dass du dich außerhalb deiner Geborgenheitszone aufhältst? Wie fühlt sich das an?

Welche zwei Dinge, die dich verunsichern, würdest du wirklich gern machen?

1 _____

2 _____

Was kannst du tun, damit du deiner Angst in die Augen sehen kannst?

_____

_____

_____

Wann wirst du das tun?

_____

_____

_____

Wenn du darauf wartest, dass es mit der Zeit leichter wird, Dinge zu tun, die dir wichtig sind, wirst du lange warten. Heute ist der Tag. Es ist ein befreiendes Gefühl, in einer unsicheren Situation einen mutigen Schritt zu machen.

Wenn du jetzt gleich etwas davon haben willst, dann musst du entscheiden, was du tun willst, nachdem du das Buch zugeschlagen hast.

Versuch dein Glück und leb dein Leben hier und jetzt!

Versuch dein Glück trotz deiner Angst

Es ist menschlich, Angst davor zu haben, Risiken einzugehen und etwas aufs Spiel zu setzen. Was glaubst du, wie viele Menschen ehrlich von sich sagen können „Natürlich erzähle ich jedem, was ich wirklich fühle - ganz problemlos"? Das sind wohl nicht so viele.

Eines der Bücher, das mir in meinem Leben am meisten geholfen hat, ist das Buch *Selbstvertrauen gewinnen: Die Angst vor der Angst verlieren* von Susan Jeffers. Damit lernst du, wie du Mut finden kannst, dein Glück zu versuchen. Wenn du Risiken eingehst, traust du dich, trotz deiner Angst etwas zu tun. Dabei überwindest du deine Angst, lässt deine Bequemlichkeit hinter dir und trotzt deiner eigenen Unsicherheit. Wir würden am liebsten die Dinge, die um uns passieren, kontrollieren. Wenn wir Risiken eingehen, lassen wir die Kontrolle los. Ich glaube, dass das Leben dann am

Besten ist, wenn wir versuchen, uns in Situationen hineinzuwagen, wo wir uns selbst austricksen.

Schlussendlich haben wir ohnehin nicht viel unter Kontrolle. Zu steuern, was morgen passiert, was andere tun und was du in verschiedenen Situationen tun wirst, ist schwierig. Es scheint einfacher, den eigenen Gewohnheiten treu zu bleiben. Bleibst du in der Geborgenheitszone, machst du dich davon abhängig, immer das Gleiche zu tun - nur das, was du schon kennst. Damit wird dein Leben vorhersagbar, fad und nicht sonderlich cool.

Versuch dein Glück und leb dein Leben jetzt!
Schreib mit eigenen Worten.

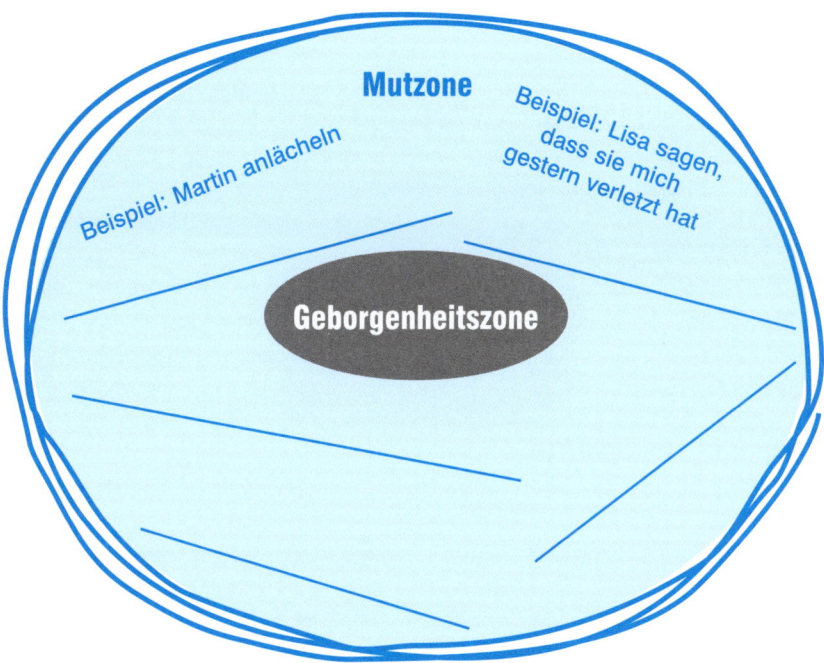

Ein Schritt nach dem anderen

Sein Glück zu versuchen kann unüberschaubar wirken. Wo soll man anfangen? Wenn du dir etwas vornimmst, beispielsweise in der Schule aufzuzeigen, dann ist es wichtig, dass du dir nicht zu hohe Ziele steckst, die du nur mit riesigen Schritten erreichen kannst. Müsstest du einen Elefanten aufessen, wäre es auch geschickt, ihn häppchenweise zu essen. Wenn Aufzeigen dein Ziel ist, dann musst du kleine Schritte machen. Wenn du beispielsweise heuer noch nie aufgezeigt hast und letztes Jahr nur zwei Mal, dann könntest du damit anfangen, diese Woche ein Mal aufzeigen zu wollen. Wäre es nicht unglaublich toll, ein Mal aufgezeigt zu haben? Und wenn du es ein Mal schaffst, kannst du dich besser davon überzeugen, dass du es wieder und wieder kannst.

Du kannst ruhig deine Gefühle der Unsicherheit und Angst zulassen. Stell fest, dass sie da sind, lass dich aber nicht von ihnen lenken. Eigentlich ist es ganz verrückt, nicht auch Geschichten mit ungewissem Ausgang anzugehen. Wenn wir nicht tun, was wir tun wollen, werden unsere Gefühle der Trauer und Wut darüber, dass wir es nicht getan haben, immer stärker. Obwohl du dich in die sichere Zone zurückgezogen hast, bist du weiterhin ängstlich und verunsichert. Was ist besser?

Du hast vielleicht Angst, etwas im Unterricht zu sagen. Nichts zu sagen, macht dich aber traurig und du gibst dich geschlagen.

Du hast vielleicht Angst vor Partys. Wenn du zu Hause bleibst, wirst du aber vielleicht wütend und fühlst dich allein.

Der Gedanke daran, deinem Freund etwas darüber zu erzählen, was dich verletzt hat, macht dich vielleicht nervös. Es sein zu lassen, lässt die Gefühle der Trauer und Einsamkeit in dir hochsteigen, was auf Dauer eure Beziehung belasten kann.

Mach kleine Schritte

1 Zerleg die anstehende Herausforderung in kleine Teile und mach kleine Schritte.
2 Denk daran, was du über deinen inneren Papagei gelernt hast - und dreh ihn leiser.
3 Entspann dich, hol tief Luft und stell dir vor, dass du der Angst gelassen in die Augen sehen kannst - und dass du trotz der Angst weitermachst.
4 Bleib dran, bis du deine Geborgenheitszone aufgebrochen hast und den Stolz in dir spürst.
5 Lob dich, sag es deinen Liebsten und mach eine kleine Feier.

Du wirst sicherlich jeden Schritt öfters üben müssen. Sobald du deine ersten Schritte gemacht hast, musst du dich entscheiden, welcher der nächste sein wird. Vielleicht kannst du zum Beispiel zwei Mal am Tag in der Schule aufzeigen?

Was du machen kannst, wenn du dir zu viele Sorgen machst

Wie oft ist wirklich das eingetreten, wovor du dich so gefürchtet hast? Meine Erfahrung in der Arbeit mit Menschen lässt mich schätzen, dass sich ungefähr 20 Prozent unserer Befürchtungen bewahrheiten. Manchmal ist es aber schwer, damit aufzuhören, sich Sorgen zu machen. Das sind die schlechten Tage, an denen es sich so anfühlt, als ob der innere Papagei völlig ausrasten würde.

Wenn das eintritt, kann es helfen, seine Befürchtungen aufzuschreiben. Schreib einzelne Punkte, so wie hier:

Ich befürchte, dass mein Vater wegen meiner nächsten Schulnoten wütend wird.
Was, wenn mein Freund/meine Freundin bald Schluss macht?
Was, wenn ich nie einen guten Job bekomme?
Wenn ich mich in der Schule nicht bald zusammenreiße, werde ich wohl nie ein gutes Leben haben.
Ich befürchte, dass sich nie jemand in mich verlieben wird, so wie ich aussehe.

- Nimm eine Schachtel, die deine eigene private Sorgenschachtel wird. Sie muss versperrbar sein.
- Schreib deine Befürchtungen auf ein Blatt Papier, du kannst sie auch zeichnen.
- Falte das Papier klein zusammen.
- Leg es in die Schachtel und verschließ sie gut.
- Nach ein paar Tagen, wenn du dich ein wenig stärker fühlst und dir weniger Sorgen machst, kannst du das Papier wieder hervorholen.
- Streich die Befürchtungen, die du nicht mehr hast.
- Sprich dann mit Menschen, denen du vertraust, über die Befürchtungen, die du noch hast. Wende dich dafür an deine Mutter, deinen Vater oder deine Geschwister, deine Tante, deine Großmutter oder einen Freund.

„Ich bin durch viele Irrungen und Wirrungen gegangen – wovon die meisten eingebildet waren."

Mark Twain

Wo sitzt der Mut?

Mutige Menschen haben immer Angst, wenn sie mutige Sachen machen. Aber sie haben sich dazu entschlossen, sie trotzdem anzugehen, und dadurch wächst ihr Mut. Mut ist ein Gefühl, das wächst, wenn es eingesetzt wird. Wenn du auf dem Sprungbrett in der Schwimmhalle stehst und darüber nachdenkst, ob du springen sollst, dann stärkst du deinen Mut, wenn du bis 3 zählst und dann tatsächlich springst.

Ruf dir in Erinnerung, wie es war, als du dich zusammenreißen wolltest. Der „Was wäre, wenn ..."-Gedanke begleitet einen fast immer, wenn man vor etwas Angst hat. Der Gedanke verschwindet, sobald du das Erlebnis hinter dir hast. Die beste Kur gegen Angst ist, das zu tun, wovor man Angst hat.

Mutig zu sein bedarf keiner speziellen Fähigkeiten - und Schüchternheit ist keine Entschuldigung. Wenn du schüchtern bist, hält dich nur das Papageiengeschrei zurück.

Wann warst du zuletzt mutig?

Denk gut nach. Ich bin sicher, dass du immer wieder mutig bist. Es selbst zu sehen, kann schwerfallen. Wenn du nachdenkst, findest du ein Beispiel dafür.

Ich war mutig, als ich:

_____

_____

_____

_____

Wusstest du, was geschehen würde?

_____

_____

_____

_____

Was hat es dir gebracht, in dieser Situation mutig zu sein?

_____

_____

_____

_____

Ein Teenpower-Rezept für Mut

1 Angst kann in dir einen Kick Energie, Begeisterung oder Anspannung auslösen. Bei Angst und Begeisterung werden die gleichen Hormone ausgeschüttet. Denk mal darüber nach. Wenn dich etwas begeistert, bekommst du einen Kick und dein Körper füllt sich mit einer bestimmten Energie. Spürst du, dass das die gleiche Energie ist, die du spürst, wenn du nervös oder ängstlich bist?

Ich glaube, dass viele Menschen ein derart sicheres und risikofreies Leben führen, dass sie sich nur ganz selten für etwas engagieren oder Begeisterung empfinden. Sie sind in ihrer Geborgenheitszone eingeschlafen und wissen gar nicht, was ihnen außerhalb dieser Zone alles entgeht. Die Tatsache, dass du dieses Buch liest, zeigt mir, dass du dein Leben voll leben und an dir arbeiten willst. Wenn du die Übungen in diesem Buch machst, bin ich überzeugt, dass sie deinen Mut für neue Herausforderungen stärken. Wenn du dein Bestes geben willst, dann musst du aus der Geborgenheitszone heraustreten. Deine Angst soll dich nicht mehr einsperren. Gewöhne deine Gefühle an den Hormonkick, der dich weiterbringen kann.

2 Gewöhne dich an das Gefühl der Unsicherheit und handle trotzdem. Musiker, Politiker und Schauspieler könnten ihre Arbeit nicht machen und mit Power auftreten, wenn sie keine Angst spüren würden, die sie positiv nutzen. Sie gibt ihnen den nötigen Kick, mit dem sie ihr Bestes geben können. Roosevelt sagte einmal: „Musst du die Sachen tun, die du denkst, dass du nicht tun kannst."

3 Denk stärkende Gedanken. Nimm die Situationen, vor denen du Angst hast, als Herausforderung. Du hast die Wahl: Willst du sie als Herausforderung, die dein Leben bereichert, annehmen? Oder willst du alles deinen Gefühlen überlassen? In kritischen Augenblicken, bei Konflikten und Frustrationen ist es besonders wichtig, dass du darauf achtest, was du sagst und denkst. Versuch dich durch hilfreiche Gedanken zu stärken: „Ich schaffe es, meine Unsicherheit und Angst fallen zu lassen", „Ich schaffe es", „Die Angst in meinem Kopf ist schlimmer als jede Realität", „Es stärkt mich, etwas zu machen, wovor ich Angst habe". Finde einen Satz, der dich inspiriert, den du dir dann jeden Tag vorsagen kannst. Denk daran, dass du nur dann panisch wirst, wenn du Panikgedanken denkst. Hör damit auf, durch deine Gewohnheit, dich schlecht und klein zu machen, von dir eigentlich unerwünschte Dinge in dein Leben zu ziehen. Wenn du etwas Schwieriges leisten musst, beispielsweise bei einer Prüfung, dann hilf dir durch viele liebevolle Worte.

4 Gib deinem Körper etwas zu tun, dann entspannt sich deine Angst. Lauf eine Runde ums Haus oder in die Stadt, mach Yoga, mach einen Spaziergang mit deinem Hund oder geh allein oder mit Freunden ins Fitnesscenter.

Du kannst deine Angst aber auch reduzieren, wenn du dir 10 Minuten absolute Ruhe pro Tag gönnst. Zehn Minuten, in denen du nichts machen darfst, in denen es rund um dich ganz still ist. Entspann dabei jede Faser deines Körpers. Du beginnst mit deinem Nacken, dann kommen Schultern, Brustkorb, Bauch usw. dran. Werd ruhig und entspann dich ganz. Danach können deine Gedanken von Neuem beginnen, zum Beispiel, wenn du schwierige Hausaufgaben angehen musst.

5 Lach! Lachen ist das beste Mittel gegen Stress und Angst. Selbst wenn du nur äußerlich ein Lächeln aufsetzt, beeinflusst es deine Gefühle. Dein Gehirn erkennt nämlich keinen Unterschied zwischen echtem und falschem Lächeln. Sobald deine Mundwinkel nach oben zeigen, erhöht sich die Blutzirkulation in deinem Gehirn und in der Region, die Glücksgefühle auslöst.

Wenn du dich schon lange Zeit mit schlechter Laune herumschlägst, immer mehr verunsichert wirst und Angst vor bestimmten Dingen hast, musst du den Teufelskreis durchbrechen, indem du Situationen suchst, in denen du herzhaft lachen kannst. Schau dir einen lustigen Film an, geh ins Kabarett und mach Lachyoga (www.lachyoga.com) gemeinsam mit Freunden, Geschwistern und Eltern.

Lass nicht die Angst deine Welt steuern - das ist Energieverschwendung!
Mach Platz für Liebe in deinem Leben - für dich und andere.
Strahle aus, was du empfangen willst.
Sendest du glückliche und liebevolle Gedanken aus, wirst du sicher keine Angst zurückbekommen.

Ändere deinen Gemütszustand

Denk an das Schlimmste, was dir einfällt. Etwas, vor dem du dich richtig fürchtest, was dein Herz schneller schlagen lässt oder dich ins Schwitzen bringt. Denk gleich danach an deine größte Liebe, an einen Menschen, den du sehr schätzt, an ein Tier, das du liebst oder an etwas, das du liebend gerne machst. Oder an einen Kinofilm, in dem du vor Lachen fast geplatzt wärst. Bemerkst du eine Veränderung in deinem Gemütszustand oder deiner Energie? Es ist schwer, sich vor etwas zu fürchten, wenn man an etwas denkt, worüber man sich freut. Wir können nämlich nicht gleichzeitig Angst und Freude empfinden.

Wenn du das nächste Mal Angst hast, dann denk an ein schönes Erlebnis - damit änderst du deinen Gemütszustand. Such nach lustigen Erinnerungen und visualisiere sie, damit sie lebendig werden. Schau dir den Film in deinem Kopfkino an und erinnere dich daran, wie lustig er war oder wie wichtig dir die Person ist, an die du denkst.

Was hast du in diesem Kapitel gelernt?

_____

_____

_____

_____

Was möchtest du in deinem Leben bereits jetzt ändern?

_____

_____

_____

_____

TEENTIPPS

1 Wenn du darauf wartest, dass es mit der Zeit leichter wird, Dinge zu tun, die dir wichtig sind, wirst du lange warten. Heute ist der Tag zum Handeln! Es ist befreiend, sich in unsichere Situationen zu stürzen.

2 Versuch dein Glück! Allein der Versuch macht dich freier und mutiger. Du bist kein Looser, wenn dir etwas nicht gelingt. Du bist ein Winner, wenn du es versuchst.

3 Mutige Menschen haben immer Angst, wenn sie mutige Dinge tun. Sie machen sie trotzdem und werden dadurch mutiger.

4 Dein Gehirn kennt keinen Unterschied zwischen dem, was du erlebst, und dem, was du dir vorstellst. Du hast dir sicherlich schon einmal vorgestellt, dass etwas Unangenehmes geschehen wird, und dich dann hilflos und ohnmächtig gefühlt – und dann ist es gar nicht eingetreten.

5 Entfern dich jeden Tag ein wenig mehr von deiner Geborgen-heitszone. Mach eine Liste, welche Schritte du machen willst. Schau beispielsweise Leuten mehr in die Augen, sprich etwas lauter, zeig im Unterricht häufiger auf, erzähl es jemandem, wenn du traurig bist usw.

loyal

verständnisvoll

~~Schwächen~~

selbstsicher

offenherzig

kontaktfreudig

Augenkontakt

fester Händedruck

aufrechte Haltung

So überwindest du deine Schüchternheit

Worum geht es in diesem Kapitel?

Was ist Schüchternheit? Gibt es einen Unterschied zwischen introvertiert und schüchtern? Warum ist der eine schüchtern und der andere nicht? Was kann man machen, um seine Schüchternheit loszuwerden? Und warum hat man Angst davor, anderen in die Augen zu schauen? Du kannst viel tun, um die Schale deiner Schüchternheit zu knacken. Es ist nicht so schwer, wie du glaubst. Mach einfach einen Schritt nach dem anderen und lob dich für jeden Schritt.

Der Unterschied zwischen Schüchternheit und Introvertiertheit

Ich wollte über Schüchternheit schreiben, weil ich die Erfahrung gemacht habe, dass sich viele Jugendliche von ihr hemmen lassen. Tatsächlich sind mehr als die Hälfte der Jugendlichen, mit denen ich in meiner Arbeit zu tun habe, schüchtern und lassen sich dadurch in ihrem Alltag einschränken. Sie sind alle auf ihre eigene Art schüchtern, aber alle fühlen sich als Außenseiter, fad und in ihrem Umgang mit anderen Jugendlichen gehemmt. Bevor ich mich damit beschäftige, was Schüchternheit ist, will ich den

Unterschied zwischen Schüchternheit und Introvertiertheit beschreiben. Es gibt nämlich einen großen Unterschied.

Introvertiertheit

Wenn du introvertiert bist, kann es leicht sein, dass du im Unterricht etwas sagst und die Pausen mit deinen Freunden verbringst. Am liebsten ist es dir jedoch, allein zu sein. In einer Gruppe willst du am liebsten bei deinem besten Freund/deiner besten Freundin sein. Nur ihr zwei. Wenn ihr bei dir zu Hause seid, vertieft ihr euch gemeinsam in etwas. Und wenn er/sie nach Hause gegangen ist, ist es schön, wieder allein zu sein. Dir geht es eben gut damit. Daran willst du nichts ändern. Andere meinen aber, dass dir etwas in deinem Leben fehlt, und wollen dich ändern.

Die meisten introvertierten Kinder haben manchmal den Eindruck gehabt, dass mit ihnen etwas nicht stimmt. Manche glauben sogar, dass ihrem Gehirn etwas fehlt. Warum müssen sie so lange nachdenken, um die Fragen ihrer Eltern zu beantworten? Warum können sie nicht einfach sofort antworten? Extrovertierte Eltern zu haben, kann eine große Herausforderung für introvertierte Kinder sein.

Introvertierte Menschen überlegen alles ganz genau, bevor sie ihre Meinung sagen. In der Regel meinen sie, was sie sagen, weil es durchdacht ist. Sie sind sehr vorsichtig und sorgfältig und überlegen länger als extrovertierte Menschen. Ihre Mimik ist oft nicht so ausgeprägt wie die extrovertierter Menschen. Wenn du introvertiert bist, willst du sicher großen Menschenansammlungen und vielleicht auch Partys aus dem Weg gehen. Du genießt Ruhe und Frieden und liebst es, einfach nachzudenken. Viele Introvertierte fühlen sich oft dazu gedrängt, sozial zu werden, obwohl sie das gar nicht wollen.

Introvertierte Menschen sind ein Geschenk für die Menschheit. Stell dir vor, was wäre, wenn alle Menschen extrovertiert und offen wären, auf alles immer eine Antwort hätten. Das wäre mindestens so unangenehm und chaotisch wie in einem Hauptbahnhof zur Hauptreisezeit in einem Zelt zu wohnen.

Ich liebe Frisöre, die nicht so viel reden. Ich bin am liebsten mit Freunden zusammen, die still und ruhig sind, mit denen man in die Tiefe gehen kann. Sie lehren mich, vieles zu bedenken und nachzuspüren, wie es mir geht.

Im Folgenden werde ich beschreiben, wie du deine Schüchternheit bekämpfen und deine Offenheit entwickeln kannst. Wenn du introvertiert bist, kannst du dieses Kapitel als Inspirationsquelle verwenden. Gleichzeitig solltest du das fantastische Buch *Fordelen ved at være indadvendt i en udadvendt verden* von Marti Olsen Laney* lesen. Sie wendet sich darin an alle Introvertierten, die einen neuen Blick auf sich selbst haben und sich akzeptieren wollen.

*Die englische Übersetzung des Buches hat den Titel *The introvert advantage: How to thrive in an extrovert world.*

Schüchternheit

Es ist schwer, Schüchternheit zu beschreiben, weil es viele Arten und Abstufungen von Schüchternheit gibt. Schüchternheit ist ja keine Krankheit, unter der man leidet. Mir ist es wichtig zu betonen, dass die meisten schüchternen Menschen, die ich kenne, entgegenkommende, verständnisvolle und loyale Freunde sind, mit einer guten Portion Humor. Ein Übermaß an Schüchternheit kann einen aber in vielen Situationen behindern. Wenn du schüchtern bist, weißt du, dass du in angenehmen Situationen mit Personen, denen du vertraust, am ehesten offen und natürlich bist. In vielen anderen Situationen wird deine Nervosität dich daran hindern, authentisch zu sein.

95 Prozent der Erwachsenen haben Zeiten erlebt, in denen sie schüchtern waren. Die Meisten waren in ihren Kindheits- und Jugendjahren schüchtern, legten aber ihre Schüchternheit ab, sobald sie gelernt haben, mit ihr umzugehen. Ich glaube, dass es nicht einen einzigen Teenager gibt, der nie schüchtern war.

Überwinde deine Schüchternheit

Wenn du dich durch deine Schüchternheit gehemmt und eingeschränkt fühlst, kannst du etwas dagegen machen.

Ich versuche, verschiedene Abstufungen von Schüchternheit zu beschreiben. Sehr schüchterne Menschen stellen sich oft vor, dass ihr Leben ohne Schüchternheit besser wäre. Die Jugendlichen, mit denen ich gesprochen habe, haben sich fast wie gehemmt gefühlt, als ob ihnen tatsächlich eine Fähigkeit fehlen würde. Wenn auch du schüchtern bist, hast du vielleicht gedacht, dass du glücklicher sein würdest, wenn du so wie deine Klassenkollegin sein könntest, die immer aufzeigt und ihre Meinung sagt. Und vielleicht glaubst du, dass du nie lernen kannst, dich zu öffnen und spontan zu sein?

Vielleicht bist du meistens dann schüchtern, wenn du mit dem anderen Geschlecht zusammen bist. Mehrere Mädchen haben mir erzählt, dass sie nicht natürlich sein können, wenn sie mit einem Burschen allein sind. Sie wünschen sich vielleicht einen Freund, werden aber nervös, laufen rot an und bringen kein Wort heraus, sobald sie mit einem Burschen allein sind. In der Tat ist es normal, als Teenager so zu sein. Die Wenigsten sind ganz cool und wissen, was zu sagen ist. Das lernst du erst später im Leben, wenn du es überhaupt lernst.

Viele Promis sind auch schüchtern

In Wirklichkeit können alle Menschen, unabhängig davon, ob sie offen und spontan sein können, neue Freunde finden, Beziehungen eingehen, beruflich erfolgreich sein, ihre Beziehungen zu anderen Menschen genießen und sich in Gruppen sicher fühlen.

Viele Prominente, die intelligent, erfolgreich und schön sind, sind schüchtern oder waren es früher. Ein paar davon, die du kennst: Julia Roberts, Tom Hanks, Bill Gates, Björk, James Blunt, Richard Gere und Nicole Kidman - und was war mit Elvis Presley?

Schau auf www.shakeyourshyness.com und find heraus, welche Promis schüchtern waren oder es nach wie vor sind.

Schüchternheit als schlechte Angewohnheit

Wenn du sehr schüchtern bist, weißt du sicher, wie es ist, nervös und unsicher zu sein. Du hattest vielleicht schon öfters Angst davor, vor anderen zu scheitern. Du hast aber sicher auch Dinge getan, die dich nervös gemacht haben.

Wenn schüchterne Menschen herausfinden, dass ihnen etwas gelungen ist, haben sie die Tendenz zu sagen, dass es gar nicht ihr Verdienst war: „Das war wohl Zufall und ich hab halt Glück gehabt." Es fällt ihnen gar nicht auf, dass sie etwas Neues gelernt haben und dass sie damit ihre Schüchternheit ein Stück weit ablegen konnten. Und die Wenigsten loben sich, wenn ihnen etwas gelungen ist. Geht es dir auch so?

Die Geschichte von Martin

Martin, einen wirklich netten 16-Jährigen, kenne ich schon seit einigen Jahren. Mit 14½ war er sehr schüchtern. Er kam damals zu mir, weil er lernen wollte, aus seiner Geborgenheitszone auszubrechen und sozialer zu werden.

Wenn Martin mit Freunden zusammen war, fiel es ihm schwer, vorzuschlagen, was sie gemeinsam machen könnten. Er vermied es, Fragen zu stellen, und hatte Angst, etwas gefragt zu werden.

Martin war schon lange sehr zurückhaltend und hatte bereits so einge-
fahrene Gewohnheiten, dass er gar nicht mehr darüber nachdachte, was
ihm in seinem Leben entgehen könnte.

Martin ging nicht zum Kaufmannsladen, weil er Angst vor Gesprächen
mit Fremden hatte. Er zeigte im Unterricht fast nie auf, weil er Angst hatte,
rot zu werden, wenn er etwas sagen musste. Seine Kleidung war modisch,
aber nicht auffällig, weil er keine Blicke auf sich ziehen wollte. Er wollte
niemanden anrufen, weil er nicht wusste, was er zu einem Gespräch beitragen sollte.

Er fragte seine Mitschüler nicht, ob er bei etwas mitmachen dürfte, weil
er glaubte, dass sie ihn langweilig fanden. Mit anderen Worten: Martin
hatte Angst davor, etwas falsch zu machen.

Was denken Schüchterne?

Gleich mache ich etwas falsch.

Ich bin anders.

Die anderen finden, dass ich sonderbar bin.

Wenn ich etwas Falsches sage, werde ich ausgelacht.

Hoffentlich fragt mich niemand, was ich dieses Wochenende gemacht
habe.

Etwas stimmt nicht mit mir.

Ich werde eher gemocht, wenn ich nicht widerspreche.

Hoffentlich bemerkt mich niemand.

Ich traue mich nicht, meine Meinung laut zu äußern.

Warum schauen die anderen so? Mit mir stimmt sicher etwas nicht.

Ich kann nicht so sprechen wie die anderen.

Ich kann nicht das, was andere können.

Augenkontakt

Wenn du schüchtern bist, meidest du oft Augenkontakt. Vielleicht fühlst du
dich seltsam und ungeschickt, wenn du dich nicht traust, andere direkt
anzuschauen. Hast du schon daran gedacht, dass es deinem Gegenüber
vielleicht genauso geht? In Wahrheit ist der direkte Augenkontakt für alle
Menschen, egal ob sie schüchtern sind oder nicht, eine Grenzüberschrei-
tung. So ist das auch in der Tierwelt. Manche Tiere drücken durch den
Augenkontakt ihre Position in der Gruppe aus.

Wir können alle nervös werden und uns bedroht fühlen, wenn uns
jemand anschaut. Und wenn der Augenkontakt zu lange anhält, kommt

unser Nervensystem in Gang und löst eine nervöse Energie aus. Wie lange „lang" ist, ist von Mensch zu Mensch verschieden. Du hast sicher auch schon einem anderen Menschen in die Augen geschaut und überlegt, was er wohl denkt. Dabei hast du vielleicht gedacht: „Soll ich wegschauen? Wohin soll ich schauen, welches Auge soll ich anschauen?"

Jemandem in die Augen zu blicken wird umso einfacher, je besser du über dich denkst und je entspannter du bist. Bis dahin ist es leichter, etwas anderes anzuschauen als die Augen deines Gegenübers. Denk zum Beispiel darüber nach, was der andere dir erzählt und was du davon hältst. Dein echtes Interesse am Gespräch kann dir helfen, entspannter zu werden.

Warum bist du schüchtern?

Es gibt viele mögliche Gründe für deine Schüchternheit: Hier sind ein paar Beispiele:

Biologisch

Du kannst ein schnell reagierendes Nervensystem haben. Das führt dazu, dass du deine Gefühle in deinem Körper besonders stark wahrnimmst. Du spürst deinen schnellen Puls, hast Herzklopfen und schwitzt. Du kannst auch mit diesen körperlichen Reaktionen sozial sein. Das musst du aber trainieren und darfst den Situationen, die dich stressen, nicht ständig aus dem Weg gehen. Es ist nie zu spät und du kannst jetzt gleich etwas dagegen tun.

Deine Kindheit

Möglicherweise bist du mit Eltern und anderen Erwachsenen aufgewachsen, die selbst sehr schüchtern sind und dir deshalb nicht zeigen konnten, wie man sozial sein und sich anderen mitteilen kann.

Wenn du kritisiert wurdest und den Eindruck hattest, dass du etwas leisten musstest, um anerkannt und OK zu sein, hat das auch deinen Mut, authentisch zu sein, beeinflusst. Wurdest du nicht anerkannt und durftest du nicht so sein, wie du warst, kann dich das auch zurückhaltender und schüchterner gemacht haben.

Außerdem kann es damit zusammenhängen, dass du nicht so oft die Möglichkeit hattest, Freundschaften mit gleichaltrigen Kindern zu knüpfen. Wenn du beispielsweise nie einen Sport ausgeübt hast, nie irgendwelchen

Hobbys nachgegangen bist und weit weg von Gleichaltrigen gewohnt hast, hattest du nur selten die Gelegenheit, gegen deine Schüchternheit anzukämpfen.

Schlechte Erlebnisse

Wurdest du über längere Zeit geneckt, ausgeschlossen, geschlagen und gemobbt, ohne dass jemand versucht hätte, das zu stoppen, hat das deine Motivation, offen und sozial zu sein, beeinflusst. Du kannst in deiner Kindheit Erlebnisse gehabt haben, die dich traurig gemacht und eingeengt haben.

Ich habe mit vielen Jugendlichen gesprochen, die sich mit Schüchternheit herumschlagen müssen. Die Meisten hatten unangenehme Erlebnisse und sagten zu sich „Ich werde nie mehr vor der Klasse reden", „Spontaneität ist gefährlich", „Ich werde nicht gemocht, wenn ich scheitere". Erinnere dich an deine Kindheitsjahre. Gibt es ein Erlebnis, seit dem du nicht mehr so viel redest? Sitzt du immer auf deinen Händen, weil du den Eindruck bekommen hast, aufzeigen wäre gefährlich?

Kristina erzählt

Am liebsten bin ich mit geselligen Leuten zusammen. Sie sagen ihre Meinung und sind natürlich. So sind meine Freundinnen.

Leute, die sich breit machen, mag ich nicht so sehr. Mein Vater zum Beispiel redet viel. Er sagt zu mir: „Ganz ehrlich, reiß dich doch zusammen." Er fragt mich richtiggehend aus und lässt mir nicht viel Raum. Dann fühle ich mich klein, verschlossen und still – noch mehr als sonst. Ich bin traurig und denke: „Ich sollte etwas sagen. Es ist dumm, dass ich nichts sage."

Ich tu mich auch schwer mit Leuten, die ganz anders sind als ich. Ein Mädchen in meiner Klasse sagt immer ihre Meinung, ohne sich vorher Gedanken zu machen. Sie kommentiert andere ständig – somit auch mich. Das mag ich nicht. Ich gehe ihr aus dem Weg und vermeide ihre Fragen. Ich schweige, wenn sie da ist. Ich fühle mich ihr unterlegen und minderwertig. Ich wäre gerne jemand, der öfters seine Meinung sagt. Ich habe versucht, lauter zu sprechen und anderen in die Augen zu sehen. Das hat mir geholfen.

Kristina, 16 Jahre

Du bekommst eine Million, wenn ...

Stell dir vor, du müsstest heute zu einem Fest mit Freunden, Bekannten und fremden Leuten. Was müsstest du tun, um einen schönen Abend zu haben? Stell dir vor, dass 1 Million Euro zu Hause auf dich warten, wenn du es geschafft hast, einen schönen Abend zu verbringen, an dem du mit dir zufrieden warst. Was würdest du machen? Vielleicht denkst du: „Ich würde auf einem Fest nicht einmal für 1 Million Euro mit fremden Leuten sprechen." Oder du denkst: „Dann würde ich wohl mehr reden und mich trauen, spontan zu sein. Vielleicht würde ich mit jemandem tanzen."

Eine der nützlichsten und effektivsten Methoden, die eigene Schüchternheit zu überwinden, ist es, so zu tun, als ob du sicherer wärst, als du bist. Wenn du dich so, wie du es dir wünschst, verhältst, gehen vielleicht auch deine Wünsche in Erfüllung! So ist es auch bei anderen Formen positiven Denkens.

Wenn du so tust, als ob du mutig wärst, unterstützt du deinen Mut mehr als 100-prozentig. Es funktioniert in beide Richtungen. Das Gefühl der Angst kann dazu führen, dass du sichtlich nervös bist. Selbstsicheres Auftreten kann dir dabei helfen, dich sicher zu fühlen. Wenn wir unseren Körper so einsetzen, dass wir damit Selbstvertrauen signalisieren, verklickern wir unserem Gehirn, dass wir vor Selbstvertrauen nur so strotzen.

Wenn du zu einem starken Auftreten findest, auch wenn es anfangs nur Schauspiel ist, und du anderen in die Augen schauen kannst, ändert sich deine Situation sehr schnell. Denk daran, dass du deine Gefühle durch deine Gedanken steuerst. Wenn du dich für eine aufrechte Haltung, einen festen Händedruck und direkten Augenkontakt entscheidest, wirkt sich das auf deine innere Stärke und deine Gedanken aus. Wenn du dein Verhalten änderst, ändert sich auch das Verhalten anderer.

Wie würdest du dich verhalten, wenn du bei einer Party voll Selbstvertrauen und Mut wärst?

Wie würdest du den Raum betreten?

_____

_____

_____

Wie wäre deine Ausstrahlung?

_____

_____

_____

Was würdest du tun?

_____

_____

_____

Die kleinen Schritte sind die größten, die du machen kannst.

Du schaffst es

Du musst kein bestimmter Typ Mensch sein oder außergewöhnliche Fähigkeiten haben, um dein Verhalten ändern zu können. Du kannst es nicht mit
dem Lernen einer neuen Sprache vergleichen. Es ist vielmehr ein Experi-
ment, bei dem du bemerkst, dass du es schaffst.

Das Beste, was du für dich tun kannst, ist, dein Verhalten in zwei wichtigen Bereichen zu ändern. Erstens musst du damit aufhören, dich immer
geborgen fühlen zu wollen. Zweitens musst du der Realität ins Auge sehen,
statt ihr aus dem Weg zu gehen. Außerdem musst du neugierig sein, was
nach deiner Verhaltensänderung passiert. Stell dir vor, dass du eine Fliege
bist, die herumfliegt und dein Leben anschaut. Die Fliege bemerkt, was du
gut kannst; sie sieht dich von außen und nicht von der kritischen Innen-
perspektive deines Papageis.

Zurück zu Martin

Martin (siehe S. 124) beschloss, anders von sich zu denken. Er begann
sich für alles zu loben, was er im Laufe eines Tages gut gemacht hat. Davor
war sein größter Fehler nämlich, dass er sich auch für mutige Taten kriti-
sierte. Er fing an, immer buntere Kleidung anzuziehen und tat so, als ob er,
so wie er war, akzeptiert würde. Er übte, anderen in die Augen zu schauen.
Er hatte immer viele Befürchtungen, wenn er aus seinen gewohnten Bahnen heraustreten musste.

Alle fühlen die Angst in sich, wenn sie etwas tun sollen, das sie als Risiko
wahrnehmen. Wenn man seine Angst überwinden will, dann verstärkt sie
sich zuerst noch. Je mehr du dich an deine neuen Verhaltensweisen
gewöhnst, desto mehr schwinden deine Ängste. Eines Tages wirst du
zurückdenken und sagen: „Kannst du dich an damals erinnern, als ich nie
aufzeigte und nie etwas sagte?" Und du wirst den Eindruck haben, dass du
ein anderer Mensch warst.

Anfangs war es für Martin unangenehm, so zu tun, als ob er nicht
schüchtern wäre. Er sagte Dinge, die er bereute, bekam einen roten Kopf
und hatte den Eindruck, viele Fehler zu machen. Trotzdem war er weiterhin
motiviert, seine Schüchternheit zu bekämpfen.

Er fand heraus, dass er bisher Unmögliches schafft, wenn er unangenehme Gefühle wie Angst und Nervosität immer länger aushält. Er lernte, sich
selbst davon zu überzeugen, dass Misserfolge nicht bedeuten, dass er ein
Looser ist.

Martin erntete die ersten positiven Erlebnisse, er konnte Fragen richtig beantworten, nachdem er im Unterricht aufgezeigt hatte. Er wurde seinen Freunden gegenüber offener und stellte ihnen Fragen. Sein Mut überraschte ihn und er glaubte bald daran, seine Grenzen durchbrechen zu können. Er lernte auch, dass alle Menschen Fehler machen, dass die meisten Fehler nur von einem selbst bemerkt werden und dass man jemanden nicht weniger mag, wenn er einen Fehler gemacht hat.

Denk darüber nach! Wie lange haben sich deine Mitschüler zum Beispiel mit einem deiner Fehler beschäftigt? Glaubst du, dass sie länger über den Fehler nachgedacht haben als du? Wenn du das wirklich durchdenkst, wirst du, glaube ich, herausfinden, dass vor allem du dich mit deinen Fehlern beschäftigst.

Hör damit auf,
dich immer geborgen
fühlen zu wollen.
Schau der Realität ins Auge,
statt ihr aus dem Weg zu gehen.

Fünf Schritte, deine Schüchternheit loszuwerden

1 Halt durch. Manche Menschen geben es auf, ihr Verhalten zu ändern, weil ihnen nicht klar ist, dass sie Fortschritte gemacht haben. Sie bemerken nicht, dass sie sich verändert haben, obwohl ihre Eltern und Freunde die Veränderungen bemerkt und gelobt haben. Stell dir vor, dass du eine Taschenlampe mit unglaublich großem Lichtkegel hast. Beleuchte damit deine Fortschritte. Es ist oft leichter, sich etwas zu merken, das schlecht gegangen ist, als das, was gut ging. Anfänglich kannst du den Eindruck haben, dass deine Veränderung zu langsam voranschreitet. Mach weiter, deine Veränderung wird dir nämlich immer stärker auffallen. Und wenn du nicht aufhörst, wirst du zuletzt dein Problem überwunden haben.

2 Lobe dich. Lerne, dich für alles, was du tust, zu loben. Damit wächst dein Selbstvertrauen schneller. Immer, wenn du etwas machst, das für dich ungewöhnlich ist, ist es ein Erfolg. Jemandem länger als sonst in die Augen zu schauen, ist ein Erfolg. Ein bisschen lauter als sonst zu lachen, ist ein Erfolg.

Vergleiche dich nicht mit anderen. Wenn deine Mitschüler, Eltern und Geschwister extrovertiert sind, fallen ihnen möglicherweise manche Sachen leichter als dir. Wenn es ihnen leicht fällt, gehen sie auch nicht so ein großes Risiko ein wie du. Gib dein Bestes!

Lass es zu einer Gewohnheit werden, dir auf die Schultern zu klopfen. Lass eine Freundin, deine Eltern oder Geschwister dir dabei helfen, indem auch sie deine Fortschritte loben. Sich gemeinsam zu entwickeln und Unterstützung zu bekommen ist lustig.

3 Notiere deine Erfolge in einem Notizbuch. Martin (siehe S. 124) tat es jeden Abend. Damit füllte er ein Buch mit positiven Handlungen und Erlebnissen. Durch dieses Buch konnte er sich nicht vormachen, nichts zu können oder dass er im Leben scheitern würde.

4 Erwarte Rückschläge. Es ist wichtig, dass du daran denkst, dass du während deiner Entwicklung auch mal das Bedürfnis hast, in deine Geborgenheitszone zurückzukehren. Vielleicht denkst du, dass alles viel leichter ist, wenn du Dingen, die dir schwerfallen, aus dem Weg gehst. Denk aber daran, wie es dir geht, wenn du nicht mehr das tust, was du gerne tun würdest. Wenn du nicht sagst, was du sagen willst, wie geht es dir dann?

Es dauert seine Zeit, alte Gewohnheiten zu überwinden. Wenn du sie ein Mal gebrochen hast, kannst du es wieder tun. Alle, die neue Gewohnheiten entwickeln, haben Rückfälle und wollen auch einmal aufgeben. Verzweifle nicht, wenn du meinst, dass nichts weitergeht. Die Angst, die du während des Überwindens deiner Grenzen spürst, dauert nur kurze Zeit. Deine Fortschritte hingegen werden stabil sein und werden zu neuen und guten Gewohnheiten. Und es wird immer leichter, neue Gewohnheiten einzuführen.

5 Richte deine Aufmerksamkeit auf andere. Stell dir einen Tag vor, an dem du nichts anderes tust, als deine eigene Unsicherheit zu erspüren. An einem solchen Tag wirst du sicherlich ängstlicher werden und nichts Neues machen. Achte stattdessen weniger auf deine Gefühle und konzentriere dich auf das, was um dich herum geschieht, auf das, was andere sagen und tun. Auf diese Weise sollst du dich ein Stück weit selbst vergessen und deine Neugierde wecken. Hör gut zu, was andere sagen, und schau, was sie tun - ohne dich selbst zu unterschätzen und über dich zu schimpfen.

Wenn du schüchtern bist, glaubst du vielleicht, dass sich andere genauso viel mit deinen Gefühlen beschäftigen wie du selbst. Du denkst vielleicht: „Ich sagte so wenig und war so verlegen, dass alle sehen konnten, wie unnütz ich bin." Ich verspreche dir: das macht niemand!

Mach jeden Tag kleine Schritte

- Sag Nein, wenn dich andere um etwas bitten.
- Bestell eine Pizza.
- Schau jemandem etwas länger in die Augen, als du es gewohnt bist.
- Sprich mit jemandem an der Bushaltestelle.
- Bitte jemanden, dir Platz zu machen.
- Frag nach dem Preis einer Ware in einem Geschäft.
- Ruf einen Friseur an und frag nach den Preisen.
- Lach lauter und verdeck deinen Mund nicht mit der Hand.
- Frag einen Freund oder eine Freundin, wie es ihm/ihr geht.
- Bitte jemanden um Hilfe.
- Zeig in dieser Woche ein Mal auf.
- Nimm die Einladung zur nächsten Party an.

Denk daran, dass du es schon früher getan hättest, wenn es dir leicht gefallen wäre. Es wird nicht leichter, wenn du wartest. Du kannst genauso gut heute damit anfangen.

Gib dir eine Chance

Die Meisten haben Anfangsschwierigkeiten und fühlen sich unbeholfen, wenn sie etwas Neues und Ungewohntes tun. Du warst auch beim Gehen- und Radfahren-Lernen tollpatschig. Du brauchst Mut und Geduld, um dir selbst zu helfen. Stell dir vor, dass du ein Mädchen kennst, dem du helfen willst, seine Schüchternheit zu überwinden. Wie würdest du ihr helfen?

Was könnte sie von dir lernen? Denk gut darüber nach:

Ich könnte ihr helfen, indem ich:

_____

_____

_____

Sie sollte Folgendes machen:

_____

_____

_____

Wie könntest du sie sonst unterstützen?

Solltest du schimpfen, wenn sie nicht das tut, was sie sich versprochen hat? Oder solltest du sie loben bei jedem Schritt aus ihrer Geborgenheitszone heraus? Solltest du auf sie sauer sein, wenn sie ihrem Gesprächspartner nicht in die Augen schaut? Oder solltest du ihr helfen, an sich selbst zu glauben, indem du sie lobst?

Solltest du sie mit Leuten vergleichen, die schneller lernten, weniger schüchtern zu sein? Oder solltest du ihr helfen zu verstehen, dass sie ihr Bestes gibt und dass alles, was sie tut, nützlich ist? Solltest du sie darum bitten zu bemerken, wie oft sie beobachtet wird? Oder solltest du sie in dem Glauben unterstützen, dass sie, so wie sie ist, OK ist?

Sollte sie nachspüren, wie stark ihr Herz klopft? Oder aufmerksam darauf achten, wie sehr sie unter den Achseln schwitzt? Oder solltest du ihr beibringen, sich auf andere zu konzentrieren?

Tipps

Unterstützende Gedanken für Schüchterne

- Ich bin gut, so wie ich bin.
- Ich weiß mir zu helfen.
- Trotz Fehlern muss ich weitermachen.
- Keiner dieser Menschen will mir Böses antun.
- Auch alle anderen sind unsicher, nur können das manche besser verbergen.
- Sie müssen mich so akzeptieren, wie ich bin - ich bin nämlich ich.
- Nur bei den ersten Schritten habe ich Angst, danach stellt sich ein Erfolgsgefühl ein.

Sei dein eigener Coach

Überwinde deine Schüchternheit *jetzt* und mach diese Coachingübung.

1 Wenn du weniger ängstlich wärst, **was genau würdest du dann tun wollen?**

_____

_____

_____

_____

_____

_____

2 Was glaubst du, könnte schiefgehen, **wenn du diese Dinge tatsächlich machst?**

_____

_____

_____

_____

_____

_____

3 Würden sich deine Befürchtungen als unbegründet erweisen **und es den Anschein haben, dass alles in eine positive Richtung geht, was würde das für dich bedeuten?**

_____

_____

_____

_____

_____

_____

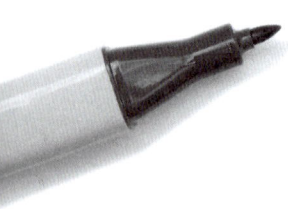

Was hast du in diesem Kapitel gelernt?

_____

_____

_____

Welche Schritte wirst du bereits jetzt tun?

_____

_____

_____

TEENTIPPS

1 Denk daran: Wäre es einfach gewesen, hättest du es sicher schon früher gemacht!

2 Bedenke, dass es seine Zeit braucht, um alte Gewohnheiten abzuschütteln. Was dir schon ein Mal gelungen ist, gelingt dir wieder.

3 Geh die Risiken ein, die nötig sind, um dich freier und mutiger zu fühlen. Du bist kein Looser, wenn dir etwas nicht gelingt. Du bist ein Winner, weil du es versuchst!

4 Deiner Angst in die Augen zu sehen und etwas zu tun, wovor du Angst hast, mindert deine Angst. Nichts, wovor du Angst hast, ist so schlimm, wie du es dir in deinem Kopf vorstellst.

5 Entwickle deine Neugierde. Sobald du dich mehr für andere Menschen als für deine eigene Nervosität interessierst, wirst du ruhiger.

6 Denk darüber nach, ob du jemanden mit den gleichen Gefühlen genauso hart beurteilen würdest.

Du bist dein ganz eigener Typ,

aber **wer** bist du?

Worum geht es in diesem Kapitel?

Hast du schon erlebt, dass jemand gesagt hat „Er ist ein Eigenbrötler" oder „Sie hat ein Helfersyndrom und kann nie Nein sagen"?
In diesem Kapitel kannst du etwas über neun verschiedene Typen erfahren: Gefühlsmenschen, Kopfmenschen und Bauchmenschen. Ich habe den Jugendlichen andere Namen gegeben, damit sie anonym bleiben können.
Du wirst dich sicherlich in mehreren wiedererkennen. Versuch aber, den Typ herauszufinden, mit dem du dich am meisten identifizierst. Lies die Texte zu den einzelnen Typen so, als wären die Personen vom gleichen Geschlecht wie du.

Die neun Typen

Wäre es cool, wenn deine Freunde so wären wie du? Wir erwarten oft, dass andere so sind wie wir. Wir haben den Eindruck, dass es schön wäre, würde unsere Umgebung unsere Meinung teilen, unsere Gefühle sehen und uns verstehen können, ohne dass wir etwas sagen müssten.

Konflikte kommen oft zustande, weil man unterschiedliche Ansichten hat. Die Konflikte werden umso größer, je weniger man versteht, dass das Gegenüber anders denkt und fühlt.

In diesem Kapitel geht es um die vielen Unterschiede zwischen uns Menschen und um die vielen Gemeinsamkeiten. Ich werde neun verschiedene Jugendliche beschreiben. Ich kenne sie, sie sind auf ihre Art einzigartig. Ich werde sie als Kopf-, Gefühls- oder Bauchmenschen beschreiben.

Vielleicht bist du jemand, der seine Gefühle genau spürt und vielleicht fühlst du auch, wie es anderen geht? Vielleicht bist du eher der nachdenkliche Typ, der versucht, alles zu berechnen und dabei ab und zu einen ganz schweren Kopf bekommt? Oder bist du ein Bauchmensch, der Gefühle im Bauch spürt und den Körper dazu verwendet, herauszufinden, wie es ihm geht?

Wenn du über die verschiedenen Jugendlichen liest, erkennst du mit Sicherheit einige Seiten von dir selbst. Dabei kannst du dich besser kennenlernen und dich und deinen Typ ein bisschen mehr akzeptieren. Es ist aber auch lehrreich und lustig herauszufinden, welche Typen deine Freunde und Eltern sind.

1] Anja, ein Mädchen, das perfekt sein will

Anja ist sehr pflichtbewusst. Sie ist ein Bauchmensch, der sofort fühlt, wenn etwas falsch läuft, und dann etwas dagegen tun „muss". Ihr Körper treibt sie sozusagen an. Sie beschäftigt sich viel damit, wie etwas richtig oder am besten perfekt gemacht werden kann. Beispielsweise kann es passieren, dass sie Mitschüler korrigiert, wenn sie ihrer Meinung nach etwas Falsches sagen. Es kann ihr richtig schlecht gehen, wenn ihre Sachen nicht in Ordnung sind. Ihr innerer Papagei ist ein richtiger Quälgeist, der ihr immer mitteilt, ob sie etwas „richtig" oder „falsch" gesagt hat.

Anja meint, dass manche Gefühle verboten sind oder nicht gezeigt werden sollten. Gefühle wie Eifersucht und Neid unterdrückt sie. Wenn sie traurig oder wütend ist, kann sie das hinter einem „Ich habe alles unter Kontrolle"-Lächeln verbergen. Schaust du ihr aber in die Augen, siehst du kein Funkeln. Sie hat sich beigebracht, ihre Wut für sich zu behalten.

Ordnung bringt ihr die Ruhe, die ihr ansonsten abgeht. Wenn sie von ihren Wutgefühlen verwirrt wird, reagiert sie, indem sie „etwas ein bisschen besser macht".

Wenn Anja ihre Gefühle hinter einer steifen Maske verbirgt, türmen sie sich. Dann fühlt sie sich gestresst und unzulänglich. Sie macht es sich immer schwerer, indem sie sich selbst noch mehr kritisiert - der Teufelskreis hat begonnen. Sie wird von ihren Gefühlen kontrolliert und glaubt, dass sie von niemandem auf der ganzen Welt gemocht wird.

> *Je mehr ich mich selbst akzeptiere, desto mehr kann ich auch andere Menschen so sein lassen, wie sie sind.*

Anja ist eine lustige Freundin. Hinter all den Regeln, die sie aufgestellt hat, ist sie eine sehr lustige Person. Sie ist ein impulsiver Typ mit schnellem Mundwerk und bringt oft treffende und lustige Bemerkungen.

Erkennst du dich selbst in der Beschreibung wieder?

○ ja, sehr   ○ ja, ein wenig   ○ nein, so bin ich nicht

Gute Selbstwerttipps

1 **Erlaube dir, Fehler zu machen.** Leute mögen dich auch so. Du wirst mehr Freiheit erleben, wenn du Du bist - mit und ohne Fehler. Schätze an dir, dass du dein Bestes gibst.

2 **Mach mal eine Pause und übe,** Du zu sein. Du kannst dich nicht in einen perfekten und durch und durch guten Menschen verwandeln. Niemand ist perfekt und du wirst in deinem Leben keine Ruhe finden, wenn du immer versuchst, perfekt zu werden.

3 **Nimm dir Zeit für Spiel und Spaß.** Deine Regeln zu befolgen, kann eine sehr ernste Sache sein. In Wirklichkeit bist du voller verrückter Ideen.

4 **Nimm Hilfe an.** Bitte um Hilfe! Du glaubst viel zu leicht, dass du allein bist auf dieser Welt und dass alles in deiner Verantwortung liegt. Lass los und finde heraus, dass andere auch etwas können.

5 **Konstruktive Kritik** an anderen zu üben ist eine deiner Stärken. Wenn du auch noch lernst Komplimente zu machen, werden deine Beziehungen herzlicher. Ein Kompliment von dir ist wertvoll.

6 **Sei verwundbar.** Wenn du offen und verwundbar bist, wirst du dich ehrlicher fühlen, was dir ja auch wichtig ist. Offenheit zu zeigen in Bezug auf deine Gefühle ist eine besondere Form der Ehrlichkeit anderen gegenüber.

2] Katja, die allen helfen will

Katja liebt es, anderen zu helfen. Sie ist ein fürsorglicher Gefühlsmensch und fühlt sich dann wohl, wenn sie anderen helfen kann. Sie ist ein Typ, der trösten kann, wenn die Freunde Liebeskummer oder Probleme haben, vergisst dabei aber auf sich selbst.

Katjas Problem ist, dass sie zeigt, dass es ihr gut geht, wenn sie anderen hilft oder sich aufopfert. Aber eigentlich erwartet sie, dass sie etwas zurückbekommt. Sie ist manchmal wütend und fühlt sich im Stich gelassen, weil die Rechnung nicht stimmt. Sie führt innerlich Buch darüber, wem sie hilft und für wen sie sich aufopfert. Wenn sie zum Beispiel ihrer Freundin oft bei den Hausaufgaben geholfen hat und sie dann deren Hilfe brauchen würde, wird sie sehr enttäuscht, wenn ihre Freundin keine Zeit für sie hat, weil sie etwas mit anderen Freunden vorhat. Die Enttäuschung führt bei Katja dazu, dass sie sich verbittert zurückzieht.

„Ich mach das schon für dich."

Katja denkt manchmal, dass sie ausgenützt wird. Oft stimmt das, weil ihre Gutmütigkeit wirklich ausgenützt werden kann. Sie macht sich unentbehrlich und will „beste Freundin" ihrer Freunde sein. Katjas Freundinnen brauchen ihre Fürsorge und das gibt ihr das Gefühl, wertvoll zu sein.

Je unsicherer Katja sich fühlt, desto mehr lobt sie andere, in der Hoffnung, von anderen gelobt zu werden. „Ach, hast du aber eine tolle Bluse und schönes Haar" und Ähnliches sagt sie immer wieder.

Wenn es Katja schlecht geht, hofft sie, dass andere das bemerken. Sie hofft, dass ihre Eltern ihre Signale lesen können und herausfinden, was sie braucht. Es fällt ihr nämlich schwer, um das, was sie braucht, zu bitten.

Andere können dich lieben, ohne deine Hilfe zu brauchen.

Es kann auf andere überwältigend wirken, wenn Katja so fürsorglich ist. Wenn du diese Verhaltensweisen auch von dir kennst, fragst du dich vielleicht auch, ob deine Freunde dich verlassen werden, weil sie deiner müde werden. Das hängt zusammen. Bist du zu liebevoll und hilfsbereit, wird das anderen oft zu viel. Und dir wird es sicher auch zu viel.

Erkennst du dich selbst in der Beschreibung wieder?

○ ja, sehr   ○ ja, ein wenig   ○ nein, so bin ich nicht

Gute Selbstwerttipps

1 Vergiss nicht, Menschen, die du magst, zu fragen, was sie von dir brauchen - und was sie nicht brauchen. Frag zum Beispiel: Gibt es etwas, was ich tun kann? Hör ihnen zu und akzeptiere ihre Grenzen. Respektiere, wenn sie „Nein, danke" sagen.

2 Versuch einen ganzen Tag, deinen Mund mit einem unsichtbaren Schloss zu versperren, und lausche deinen Freunden. Versuch, sie nicht retten zu wollen, und gib ihnen keine guten Ratschläge. Schau, ob sie selbst Lösungen finden können.

3 Mach eine Liste über das, was du für dich machen willst. Leg die Liste in dein Zimmer oder unter deinen Kopfpolster, damit du sie leicht findest. Verwirkliche jeden Tag etwas von der Liste, was du nur für dich machen willst.

4 Du kannst anderen oft am besten helfen, wenn du nicht hilfst. Menschlich entwickeln wir uns, wenn wir selbst einen Weg finden müssen. Wir werden selbstständig und stolz, wenn wir die Lösung selbst finden und sie nicht serviert wird.

5 Gewöhne dich an den Gedanken, dass man es nicht vermeiden kann, anderen ab und zu auf den Schlips zu treten. Es ist unmöglich, ständig auf die Grenzen und Bedürfnisse anderer zu achten. Es ist unrealistisch, alle dazu zu bringen, dich zu mögen.

6 Bemerke, was du von anderen bekommst. Vielleicht drücken andere ihre Liebe und Dankbarkeit anders aus als du. Vielleicht zeigen deine Eltern ihre Liebe anders, als du es dir vorstellen kannst - nichtsdestotrotz ist es Liebe.

7 Du gewöhnst andere daran, dass du für sie da bist. Du gibst deinen Freunden den Eindruck, dass es dir mit dem, was du machst, gut geht.

Andere können unsere Gedanken nicht lesen und obwohl deine Freunde vielleicht wissen, dass du auch etwas von ihnen brauchst, musst du üben, sie um das zu bitten, was du haben willst.

3] Simone, die schuftet, um tüchtig zu erscheinen

Simone ist auch ein Gefühlsmensch. Sie braucht viel Aufmerksamkeit und Bestätigung, damit es ihr gut geht. Sie braucht die Anerkennung durch andere und tut vieles, um sie zu bekommen. Sie wirkt vielleicht nicht sonderlich empfindsam, weil bei ihr Handlung und Leistung im Vordergrund stehen. Sie wirkt mitunter schnell und kompliziert zugleich. Und sie macht alles, um ihre Ziele zu erreichen.

„Ich hab das unter Kontrolle.“

Simone setzt alles daran, ihren Eltern zu zeigen, dass sie selbstständig ist. Sie hat manchmal Angst davor, ihre Eltern mit schlechten Noten zu enttäuschen oder einen Job nicht erledigen zu können. Simone macht selten etwas, wenn sie nicht sicher ist, es gut machen zu können oder zu gewinnen. Sie will die Beste sein, weniger reicht ihr nicht.

Wenn Simone etwas über sich erzählt, bessert sie die Wahrheit ein wenig auf. Alles ist ein bisschen besser, als es eigentlich war. Peppst du deine Geschichten auch ein bisschen auf? Man hört Simone gerne zu, sie fühlt sich aber innerlich hohl. Sie spürt, dass sie sich und andere betrügt, wenn sie die Geschichten aufbessert.

Sei damit zufrieden,
dich so darzustellen,
wie du wirklich bist.

Simone bessert die Wirklichkeit auf, um sich anerkannt zu fühlen und damit andere sie mehr mögen. Manche ihrer Freunde nennen sie eine Angeberin, andere sagen, dass sie falsch ist, und wieder andere meinen, dass sie in manchen Bereichen die Beste ist. Simone schafft es nämlich, in vielen Bereichen wirklich gut zu sein. Sie hat mitunter eine Fassade, mit der sie zeigt, „Ich habe alles unter Kontrolle." Innerlich hat sie Angst davor, dass jemand herausbekommt, wie sie wirklich ist.

Simone ist eine gute Freundin, weil sie flexibel ist und viel tut, damit du glücklich bist. Sie ist auch Optimistin und es ist oft lustig mit ihr.

Erkennst du dich selbst in der Beschreibung wieder?

    ○ ja, sehr   ○ ja, ein wenig   ○ nein, so bin ich nicht

Gute Selbstwerttipps

1 **Erzähl einem Menschen,** den du magst und dem du vertraust, etwas, das dir wichtig ist. Etwas, mit dem man vielleicht nicht angeben kann. Achte auf deine Gefühle, wenn du verwundbar bist. Ist das unangenehm? Welche Gefühle hast du in der Beziehung zu dieser Person?

2 **Wenn du mit anderen zusammen bist:** Finde heraus, wofür sie sich interessieren und wie es ihnen geht.

3 **Bitte andere um Hilfe und Unterstützung.** Damit gibst du dir keine Blöße. Andere wissen nicht von sich aus, was sie dir bedeuten. Denk daran, es ihnen zu sagen und zu zeigen.

4 **Du wirst gemocht,** ohne beeindrucken zu müssen. Übe, darauf zu verzichten, andere zu beeindrucken.

5 **Was würde deiner Meinung nach geschehen,** wenn du „den Fuß vom Gaspedal nehmen" würdest? Nimm dir Zeit für dich und finde deine Ruhe. Geh in die Natur, mach Yoga oder ähnliches.

6 **Es fällt dir möglicherweise schwer,** innezuhalten und eine Pause zu machen. Und du bemerkst nicht, dass du gestresst bist. Deshalb ist es für dich wichtig, mehrmals am Tag innezuhalten und tief durchzuatmen, um dich zu spüren.

7 **Du kannst deinen Selbstwert richtig spüren,** wenn du mit anderen in einem Team zusammenarbeitest. Gerade dadurch, dass du nicht der/die Beste bist oder das Team leitest, sondern mit den anderen gleichwertig zusammenarbeitest, entwickelst du dich.

4] Jonas, der sich von den anderen unterscheiden will

Jonas ist jemand, der viele Talente und Fähigkeiten hat. Er ist sehr kreativ und hat ganz besonders witzige und einzigartige Ideen. Er ist ein Gefühlsmensch, der von vielen Menschen als Künstlertyp eingeschätzt wird. Er kann sich sehr einsam fühlen, weil er sich so anders fühlt. Gleichzeitig will er nicht mit dem Strom schwimmen und gewöhnlich sein. Er liebt seine roten und grünen Hosen und macht Buttons, die er dann auch trägt. Auf einem steht „Leb schnell, stirb jung".

Aber Jonas hat fast immer das Gefühl, dass ihm etwas fehlt. Er fühlt sich ganz anders als seine Eltern. Manchmal fantasiert er, dass er als Baby vertauscht wurde, und träumt davon, dass er seine ganz besonderen Eltern findet. Er beschäftigt sich intensiv damit, was mit ihm los ist, und sieht vor lauter Grübeln seine guten Eigenschaften nicht mehr.

Vergleiche dich nicht mit deinen Eltern und such nicht nach gemeinsamen Eigenschaften – verwende die Energie lieber dazu, deine speziellen Fähigkeiten zu entwickeln.

Jonas bleibt in alten Gefühlen verstrickt. Wenn ihn seine Freunde verletzt haben, fällt es ihm schwer, es wieder zu vergessen.

In Gruppen fühlt er sich immer zu wenigen Leuten hingezogen. Ihm ist es wichtig, dass er nicht mit oberflächlichen Menschen redet. Sie müssen Gefühle in ihm auslösen, die sein Interesse wecken. Er mag Menschen nicht, die ihm gleichgültig und uninteressant vorkommen. Jonas will Teil der Gruppe sein, aber gleichzeitig aus ihr herausragen und etwas Besonderes sein. Das bereitet ihm in Gruppen immer wieder Probleme.

Jonas ist sehr ehrlich und direkt, was seine Gefühle angeht. Er ist ein hilfsbereiter und fürsorglicher Freund, vor allem wenn er sich bei jemandem, der ihn mag, wohlfühlt.

„Oberflächlich – das bin ich nicht.
Das Leben muss einen tieferen Sinn haben,
um gut zu sein."

Erkennst du dich selbst in der Beschreibung wieder?

○ ja, sehr ○ ja, ein wenig ○ nein, so bin ich nicht

Gute Selbstwerttipps

1 Denk daran, dass sich deine Gefühle von der Realität unterscheiden. Pass auf, dass du die Reaktionen anderer nicht überinterpretierst. Dein Eindruck von dem, was passiert ist, ist nicht mit dem realen Geschehen gleichzusetzen.

2 Achte darauf, wie Tagträume und Fantasien starke Gefühle in dir auslösen. So distanzierst du dich von der Realität. Übe, die kleinen Dinge des Alltags zu genießen.

3 Du kannst dich freier und authentischer fühlen, wenn du dich traust, wie die anderen zu sein. Trau dich, einen Tag lang durchschnittlich zu sein. Geh unter „gewöhnliche" Leute. Such Gold in der Normalität.

4 Was beweist, dass du, so wie du bist, geliebt und wertgeschätzt wirst? Finde drei Beweise.

5 Verschwende nicht so viel Energie darauf, herauszufinden, wer du wirklich bist. Du bist einzigartig.

5] Daniel, der kluge Eigenbrötler

Würdest du Daniel gut kennenlernen, würden dich seine klugen Gedanken beeindrucken. Er ist ein Kopfmensch, der es liebt, sich in etwas zu vertiefen, um die Zusammenhänge zu verstehen und klüger zu werden. Manche seiner Mitschüler nennen ihn einen Eigenbrötler, was ihn mitunter sehr ärgert. Andererseits will er nicht so sein wie die „Beliebten", weil die eher „dümmlich" seien.

Daniel liebt es, Sachen zu zerlegen, um zu sehen, wie sie funktionieren. Er liest Theorien zu Erfindungen und sucht neues Wissen, um auf einem

Gebiet Experte zu werden. Er mag es, mehr als andere zu wissen, und es stört ihn, wenn seine „Wahrheit" bei anderen auf Widerstand stößt. Deshalb hat er oft Konflikte mit Freunden, in denen es darum geht, wer Recht hat. Dabei kann Daniel arrogant werden. Seine wenigen langjährigen Freunde wissen aber, dass er einfach so ist.

Das Besondere an Daniels Freundschaften ist, dass seine drei Freunde einander nicht kennen. Er hält nämlich viel von seiner Privatsphäre und ist sein eigener Herr. Er zieht sich in den Pausen oft zurück. Nicht nur, weil er ausgeschlossen wird, sondern auch, weil er für sich sein will. Er liebt es, allein zu sein, und es verwirrt ihn, wenn zu viel um ihn herum passiert.

Daniel fühlt zutiefst, dass er in diese Welt nicht gut integriert ist. Er nimmt nicht viele neue Aktivitäten in Angriff und kann daher sein Selbstvertrauen kaum durch Aktivität stärken. Stattdessen zieht er sich in seine Höhle zurück, wo er sich sicher fühlt.

„Stör mich nicht, ich muss mich auf was Wichtiges konzentrieren."

Daniel ist wirklich gut in Mathe und liebt Musik. Er sitzt oft stundenlang am Synthesizer, um seine eigene Musik zu machen. Er war schon von klein auf ein stiller Bub. Die meiste Zeit verbrachte er allein, las schon mit 5 Jahren oder beobachtete Insekten im Garten.

Übe, anderen von deinen spannenden Gedanken zu erzählen. Du hast schon so viel spannendes Wissen und gute Ideen angehäuft.

Daniel ist aber auch sozial und verbringt schöne Stunden mit seinen Freunden. Am liebsten redet er über Dinge, von denen er etwas versteht. Wenn das Gespräch auf Computer oder Musik kommt, ist er kaum zu stoppen. Fragst du ihn aber, wie es ihm geht oder was er fühlt, wird er sicher antworten „Das weiß ich nicht". Er hat die Verbindung zu seinen Gefühlen nämlich nie trainiert.

Erkennst du dich selbst in der Beschreibung wieder?

    ◯ ja, sehr   ◯ ja, ein wenig   ◯ nein, so bin ich nicht

Gute Selbstwerttipps

1 Du hast einen Körper! Dir würde es gut tun, ihn aktiver einzusetzen, damit du nicht nur den Kopf nutzt. Sport oder andere körperliche Aktivitäten würden deinen Selbstwert beflügeln. Wenn du deinen Körper aktivierst, fließt dein Blut schneller, was dein Gehirn fördert und dich klüger macht.
2 Merke, dass das Leben gelebt und nicht studiert werden soll.
3 Lern deine Gefühle zu spüren und studiere sie mit deinem scharfen Forschergeist. Du wirst herausfinden, dass du sowohl die Welt als auch dich selbst erforschen kannst.
4 Schau dir an, was du an deiner Persönlichkeit verbessern willst. Wenn es darum geht, dass du dich anderen gegenüber öffnen möchtest, solltest du deine Zeit nicht mit Computerspielen verbringen. Leg ab und zu einen Tag ein, an dem du mit deinen Gewohnheiten brichst und mit anderen zusammen bist.
5 Achte darauf, ob du deinen Freunden gegenüber zu arrogant wirst.
6 Welche Fähigkeiten helfen dir am meisten in der Beziehung zu anderen Menschen? Denk darüber nach, welche du entwickeln willst.

6] Kristina, die an ihrer Urteilskraft zweifelt

Kristina ist ein Kopfmensch. Sie ist eine Zweiflerin und macht sich häufig Gedanken darüber, wie sie richtig handeln könnte und was sie falsch gemacht hat. Sie spürt oft Unsicherheit und Angst und wünscht sich nichts mehr als Sicherheit. Die versucht sie durch andere Menschen zu finden und hofft, dass diese ihr erzählen, was sie tun muss. Sie lehnt sich sehr an die Einstellungen ihrer Freunde an, weil sie dann nicht selbst Stellung beziehen muss.

Kristinas Lieblingssatz lautet „Was wäre, wenn …?" Ihr fällt es schwer, Entscheidungen zu treffen. Das Schlimmste, was man tun kann, wenn sie eine Wahl getroffen hat, ist es, sie zu fragen „Bist du dir sicher?" Kristina ist sich nämlich nie ganz sicher. Sie würde ihre Zweifel am liebsten ganz loswerden. Sie wünscht sich, selbst herauszufinden, was für sie richtig ist - ohne Hilfe.

Kristinas Skepsis führt dazu, dass es ihr schwerfällt, positiv zu denken und an sich selbst zu glauben. Sie hört zu viel auf ihren inneren Papagei und wenn er sie „Was wäre, wenn …?" fragt oder „Das geht sicher schief" sagt, dann glaubt sie ihm.

„Gibt es überhaupt etwas im Leben, worauf man sich ganz verlassen kann?"

Kristina erwartet immer das Schlimmste und entwickelt ständig Problemlösungen. Aber auch in einem Team findet sie die besten Lösungen.

Kristina möchte alle zufriedenstellen. Deshalb kommt es immer wieder vor, dass sie mehrere Verabredungen an einem Abend hat. Sie hat den Eindruck, dass zu viel von ihr erwartet wird und dass sie ausgenutzt wird. „Egal was ich tue, ich bereue es" denkt sie oft. Sie braucht jemanden, zu dem sie aufsehen kann, damit es ihr gut geht.

Lass die Zweifel hinter dir und finde den Mut, anderen zu vertrauen.

Kristina ist ein Mensch, dem du einfach vertrauen kannst. Wurdest du, nach einer genauen Überprüfung, akzeptiert, bist du ihr Freund fürs Leben. Sie ist loyal und eine großartige Helferin. Du fühlst dich bei ihr gut aufgehoben, weil sie sich für dich einsetzt und dich verstehen möchte. Sie schafft es, dass sich andere sicher und geborgen fühlen, weil sie selbst ein ausgeprägtes Bedürfnis nach Sicherheit und Geborgenheit hat.

Erkennst du dich selbst in der Beschreibung wieder?

◯ ja, sehr   ◯ ja, ein wenig   ◯ nein, so bin ich nicht

Gute Selbstwerttipps

1 Entlass deinen Papagei! Es tut dir gut, die Urteile deines Papageis weniger zu beachten, weil er dich so oft zweifeln lässt.

2 Du kannst viel mehr, als du glaubst! Du glaubst, immer Hilfe und Unterstützung zu brauchen, bist aber durchaus fähig, deine eigenen Schritte zu machen und Entscheidungen zu treffen. Mach einen Schritt nach dem anderen.

3 Merke, dass Geborgenheit von innen kommt - und nicht durch andere. Genau genommen kann dir niemand Geborgenheit schenken.

4 Gewöhn dich daran, Antworten in dir zu finden. Lern deine intuitiven Fähigkeiten hervorzuholen. Übung macht den Meister.

5 Lass Zweifel zu - triff aber trotzdem Entscheidungen. Warte nicht darauf, dass der Tag kommt, an dem dich dein Bauchgefühl bombensicher macht.

6 Sorg dafür, dass du deine Erfolge notierst. Deine Erfolge überdeckst du oft mit negativen Gedanken. Nimm dir Zeit, wenn du etwas Gutes erreicht hast, und präge dir das ein. Atme tief durch, genieße die Situation und deine Gefühle in diesem Augenblick.

7] Simon, der Lustige, der Langeweile hasst

Simon hat viele Ideen. Er ist ein Kopfmensch und macht immer Späße. Und manchmal wird ihm das zu viel. Es kann ihm schwerfallen, eine Wahl zu treffen, weil das Leben einem Süßwarenladen gleicht. Was soll er sich aussuchen, was weglassen? Er ist spontan, denkt schnell und spricht in wohlformulierten Sätzen. Er hat das Gefühl, dass er immer etwas tun muss, weil es in ihm sonst zu still wird und Gefühle und Ängste hochkommen.

Genau genommen glaubt er nicht, dass er herausfinden kann, was er sich in Wirklichkeit vom Leben wünscht. Deshalb will er alles ausprobieren, bis er eines Tages seine Antworten findet. Wenn er ein Eis kauft und zwischen drei Sorten wählen kann, nimmt er oft alle drei. Weil: Was wäre, wenn er etwas versäumen würde?

Simon fällt es leicht und er liebt es, Neues zu lernen. Er ist immer gut aufgelegt und nimmt sich nicht zu ernst. Sein Lachen und Optimismus sind ansteckend.

„Das Gras ist drüben immer grüner."

Das ist Simons Motto. Die Ansicht, dass das Gras des Nachbarn immer grüner ist als das eigene, bringt ihm keine Freude. Er freut sich auf die Zukunft, ist aber mit der Gegenwart nie zufrieden. Die vielen Möglichkeiten, die er ständig sieht, verwirren ihn. Es fällt ihm schwer, im Jetzt zu leben. Seine Freunde haben es satt, dass er unstet ist und Verabredungen nicht einhält. Sein Bedürfnis, sich nichts entgehen zu lassen, hat Konsequenzen für seine Freundschaften. Leute in seiner Umgebung haben den Eindruck, dass sie ihm egal sind, weil er nicht zu greifen ist.

Wenn du dich traust, dir etwas entgehen zu lassen, kannst du das, was du gerade tust, besser zu einem Ende bringen, ohne dich zu verzetteln.

Simon mag Grenzen nicht. Seine Eltern sind sehr frustriert, weil er Grenzen nicht akzeptieren will. Er möchte erleben, dass er tun kann, was er will. Wenn jemand ihn zu einer bestimmten Ausbildung drängen möchte, fühlt er sich begrenzt und erstickt. Wenn er mit seiner Familie ins Sommerhaus fahren muss, wo die nächste Stadt 5 km entfernt liegt und keine Busse fahren, wird ihm schlecht. Es schränkt ihn ein und er ist auf Langeweile allergisch.

Es gibt ihm einen Kick, bei lustigen Sachen dabei zu sein und er macht auch selbst jede Menge Unsinn. Er steckt andere oft mit seiner Leichtigkeit und Freude an. In vielen Klassen, vielleicht auch in deiner, gibt es einen „Simon". Er ist der Lustige, der herumkaspert und immer einen Gag parat hat.

Erkennst du dich selbst in der Beschreibung wieder?

○ ja, sehr   ○ ja, ein wenig   ○ nein, so bin ich nicht

Gute Selbstwerttipps

1 Achte einen ganzen Tag darauf, wie viele Dinge du gleichzeitig tust. Merk dir, wie viele Gedanken und Ideen dir im Laufe des Tages durch den Kopf gehen. Kannst du dir eine ruhige Minute gönnen? Vielleicht 2 bis 3 Aktivitäten weglassen?

2 Halt inne und spür deinen Gefühlen nach. Geh tiefer in dich. Wo sitzt deine Traurigkeit? Im Magen, in der Brust, zwischen den Ohren? Sag es jemandem, sobald du Traurigkeit verspürst. Du wirst authentischer und greifbarer, wenn du deine Gefühle herausfindest und aussprichst.

3 Solang du dem Glück hinterherjagst, findest du es nie. Du wirst nie damit zufrieden sein, mehr zu bekommen. Oder glücklicher, indem du mehr Neues erlebst.

4 Sei mal faul. Nimm dir ab und zu einen Tag, an dem du dich fadisieren kannst. Es erwartet dich auch zu Hause genügend Abwechslung.

5 Trainiere deine Intuition und dein Bauchgefühl. All deine Ideen und schnelle Gedanken können dich von deinen Beschlüssen ablenken. Dein Bauchgefühl hat bereits die Antwort.

8] Cecilie, ein rebellisches Mädchen, das sich nichts gefallen lässt

Cecilie hat ihre Ansichten und teilt sie gerne mit. In der Tat vergisst sie manchmal vor dem Reden zu denken. Sie ist ein Bauchmensch. Das heißt, dass ihre Gefühle sofort eine Reaktion auslösen. Sie ist eine Führernatur, die gerne in vorderster Reihe steht. Sie denkt schnell und ist die lauteste in Diskussionen. Es fällt ihr schwer zu verstehen, dass nicht alle ihre Meinung teilen, weshalb sie besserwisserisch wirken kann. Sie hat Schwierigkeiten, sich in andere hineinzuversetzen und herauszufinden, wie es anderen geht. Und sie vergisst nachzuschauen, ob sie jemanden traurig gemacht hat, wenn sie ihre Meinung laut und kraftvoll kundgetan hat.

„Wären alle so ehrlich, wie ich es bin, und würden sie die Dinge beim Namen nennen, wäre alles viel leichter."

Cecilie spürt, was in ihrem Körper passiert, und lässt sich von ihrem Bauchgefühl leiten. Sie empfindet Stimmungen, ist sinnlich und „weiß einfach" schon nach drei Minuten, wen sie mag und wen nicht.

Am meisten hasst sie, wenn jemand Macht über sie hat. Sie beurteilt andere anhand ihrer Stärken und Schwächen. In ihrem Leben dreht sich alles darum, stark und unabhängig zu sein. Ihre Umwelt soll sehen, dass sie alles unter Kontrolle hat und stark ist.

Sie hat ein großes Herz und empfindet viel Liebe für andere. Sie lässt nur wenige in ihre Nähe, ist fast wie eine Löwenmutter: beschützend, kampfeslustig und auf der Suche nach Gerechtigkeit. Ihr fällt der Umgang mit Nähe und Verletzbarkeit schwer. Sie hat gelernt, dass Weinen nichts bringt und dass sie ihre Schwächen beherrschen muss. Das hat seinen Preis, denn sie sagt, dass sie oft eine innere Leere verspürt. Sie ist leicht verwundbar, fühlt sich bald abgewiesen und versucht Situationen auszuweichen, in denen sie zurückgewiesen werden könnte, um ihr weiches Herz zu schützen. Steht sie auf einen Burschen, fällt es ihr leichter, ihre wilden und unabhängigen Seiten zu zeigen als die weichen. Sie findet nicht leicht neue Freunde, weil sie so selbstständig und tatkräftig wirkt, dass man glauben könnte, sie bräuchte niemanden.

Übe, dich vertrauten Menschen gegenüber zu öffnen, und zeig ihnen dein weiches Herz.

Erkennst du dich selbst in der Beschreibung wieder?

○ ja, sehr   ○ ja, ein wenig   ○ nein, so bin ich nicht

Gute Selbstwerttipps

1 Dreh dich um und blick zurück, ob du andere verletzt hast. Spitz deine Ohren und hör anderen mehr zu.

2 Wenn du haben willst, dass andere in deine Nähe kommen, musst du deine Abwehr aufgeben und ihnen erlauben, in dein Herz zu schauen. Du wirst herausfinden, dass du in der Nähe anderer Geborgenheit empfinden kannst.

3 In Erzählungen neigst du zu Übertreibungen und Dramatik. Lern, näher an der Wahrheit zu bleiben. Wenn du übertreibst, erfährst du dich als unecht, was dein Selbstwertgefühl beeinträchtigt.

4 Es nervt andere, wenn du immer so ungeduldig bist. Du spürst ja deine körperlichen Signale stark und meinst, sofort auf sie reagieren zu müssen. Das kann anstrengend werden - für dich und deine Umgebung. Wenn du beispielsweise hungrig bist, brauchst du jetzt etwas zu essen.

5 Entspann dich, lach mehr und gönn dir ein paar stille Tage, an denen nicht viel passiert.

9] Martin, der sich Frieden und Freundschaft wünscht

Martin ist ein friedfertiger Typ, dem man schnell vertraut. Er ist entgegenkommend und ein angenehmer Gesprächspartner. Ein Typ, von dem man sagt, „In dem steckt nichts Schlechtes". Innerlich ist er aber nicht so ruhig. Von den neun hier beschriebenen Typen trägt er die meiste Wut in sich. Eines Tages erzählt er mir, dass er seine Wut nie zeigt, wenn er sie spürt. Er versteckt sie stattdessen ganz tief in sich und erklärt das damit, dass er keine Energie auf seine Wut verschwenden will. „Machen wir es uns gemütlich, ich will die Stimmung nicht verderben" sagt er oft.

Um unangenehme Gefühle zu vermeiden, achtet er nicht sehr darauf, wie es ihm wirklich geht. Er ist stattdessen damit beschäftigt, für seine Freunde da zu sein. Er ist der gute Freund, der zuhört und immer für die anderen da ist.

„Ich will mit allen gut auskommen."

Martin fürchtet Konflikte und kann anderen gegenüber übertrieben lieb sein. Es kommt vor, dass er kleine Probleme vergrößert, weil er zu spät etwas gegen sie unternimmt. Seine Freunde können sich über ihn ärgern, weil er nicht ehrlich sagt, wie es ihm geht. Er sagt oft Ja zu Sachen, auf die er gar keine Lust hat, und wird dann enttäuscht und ärgerlich. Er wird auch ausgenutzt, weil er sich zu viel gefallen lässt, um Konflikte zu verhindern.

Wenn seine Freunde streiten, ist Martin ein guter Vermittler. Er findet immer einen Weg, wie der Streit geschlichtet werden kann. Und seine ruhige Art ist ansteckend. Interessanterweise fühlt sich Martin von starken, eher aggressiven Typen angezogen und ist mit ihnen befreundet. Er sagt selbst, dass er es mag, wenn andere ein aktives Leben führen, und träumt davon, auch so zu sein.

Pass auf, dass du nicht einfach sagst: „Das ist OK. Wir machen, was du machen willst."

Sag deine Meinung!

Martin hatte eine schwere Zeit zu Hause, weil sich seine Eltern scheiden ließen. Er musste nämlich mit der schlechten Stimmung leben, ohne Frieden zwischen seinen Eltern stiften zu können. Darunter hat er sehr gelitten. Würde es nach ihm gehen, gäbe es überall nur Frieden.

Du hast vielleicht auch Tagträume? Sie sind wie ein schöner Film in deinem Kopf, den du nicht abdrehen möchtest. So geht es Martin die ganze Zeit. Dadurch fällt es ihm schwer herauszufinden, was er selbst will. Wenn du dich wegträumst, fällst du keine Entscheidungen. Du schiebst die Wirklichkeit auf und schließt dich stattdessen in deine Traumwelt ein.

Erkennst du dich selbst in der Beschreibung wieder?

○ ja, sehr   ○ ja, ein wenig   ○ nein, so bin ich nicht

Gute Selbstwerttipps

1 **Wach in der realen Welt auf.** Lass die Wirklichkeit hinein, leg deine Träume zur Seite und schau dein Leben mit neuen Augen an.

2 **Lern Nein zu sagen,** wenn du um etwas gebeten wirst, wozu du keine Lust hast. Achte darauf, in welchen Situationen du Ja sagst, ohne es zu meinen. Es ist manchmal unumgänglich, andere zu enttäuschen, um sich selbst treu zu bleiben.

3 **„Ich muss mal darüber nachdenken"** ist ein guter Satz, wenn deine Freunde etwas von dir haben wollen. Nimm dir etwas Zeit, um herauszufinden, was du fühlst, und teile es dann mit.

4 **Nimm dir Zeit,** um dich zu entwickeln. Setz dir ein paar Ziele, die du in den nächsten Jahren erreichen willst, und wage die Schritte, die dazu nötig sind.

5 **Lern, deine Wut zu spüren,** und akzeptiere sie. Es ist OK, anderen von deiner Wut zu erzählen. Wo in dir spürst du deine Wut? Im Magen oder vielleicht in der Brust? Wirf sie hinaus, indem du auf deine Kissen schlägst, laut schreist oder eine Runde laufen gehst.

6 **Mach etwas, was dir gut tut.** Wenn du das mindestens zwei Mal wöchentlich machst, bessert sich dein Selbstwert. Was tut dir gut?

Du bist einzigartig. Was ist so toll an dir?

Wer hat Ähnlichkeiten mit dir?

_____

_____

_____

Welche seiner Eigenschaften hast du auch, welche sind anders?

_____

_____

_____

Kannst du dich in keinem dieser Typen wiedererkennen? Dann bist du vielleicht jemand, der speziell sein und nicht in eine Schublade gesteckt werden will. Wenn du mit dem Buch fertig bist, kannst du noch mal versuchen, deinen Typ zu finden.

Sieh das Gute in deinen Freunden und Eltern

Wenn du die Unterschiede zwischen deinen Freunden und zwischen dir und deinen Eltern beobachtest, kannst du ein besseres Verhältnis zu ihnen entwickeln. Du kannst dann besser verstehen, warum deine Freundin sich in sich zurückzieht und nicht „Au" sagt, wenn du sie verletzt. Und du kannst besser verstehen, dass dein Freund, der losdonnert und vergisst, sich zu entschuldigen, vielleicht ein weiches Herz und Angst hat, seine Verwundbarkeit zu zeigen.

Viele Väter, die wie Cecilie (siehe S. 153) immer ihre Meinung sagen, sind in der Familie sehr dominant und möchten überall Macht ausüben. Wenn du einen solchen Vater hast, kannst du daraus viel lernen. Du kannst unter anderem deine Fähigkeit trainieren, zu spüren, wann er deine Grenze überschreitet. Und wenn du seine innere Verwundbarkeit achtest, wirst du näher an ihn herankommen.

Wenn du eine Mutter hast, die sich wie Katja (siehe S. 142) verhält und anderen ständig helfen will, ist dein Leben mit ihr voller Herausforderungen. Eine solche Mutter will am liebsten deine Welt retten und dir überall helfen. Sie hat immer 10 gute Ratschläge bereit, die du beachten sollst, weil sonst … Durch sie kannst du auch viel lernen. Wenn du selbstständig sein und Verantwortung für dein eigenes Leben übernehmen willst, musst du zu ihren Hilfsangeboten „Nein, danke" sagen können und lernen, deine Dinge selbst zu erledigen. Wenn du in ihr die liebevolle Mutter siehst, die einfach dein Bestes will, ist es einfacher, ihr zu verzeihen, dass sie übertreibt.

Die Einteilung in neun Grundtypen kommt vom sogenannten Enneagramm. Du kannst in der Bibliothek Bücher zu diesem Thema ausleihen und mehr über deinen Typ lernen.

Was hast du in diesem Kapitel über dich selbst gelernt?

_____

_____

_____

_____

Welche Menschen in deinem Leben verstehst du besser, wenn du ihre Verschiedenartigkeit akzeptierst?

_____

_____

_____

_____

Freundschaften vertiefen

Worum geht es in diesem Kapitel?

In diesem Kapitel wirst du herausfinden, wie du als Freund bist. Und wie du mit anderen Menschen umgehst. Du wirst fünf Möglichkeiten kennenlernen, wie du deine Freundschaften verbessern kannst, und was schlechte Laune in Freundschaften bewirkt. Du lernst, kein Angsthase zu sein und dich für Unfug zu entschuldigen.

TEST
Kleiner Freundschaftstest

Wie viele gute Freunde hast du? Kreuze an ✗

○ 0   ○ 1   ○ 2   ○ 3   ○ 4-7   ○ 7-?

Wie sind deine Freundschaften? Kreuze an ✗
○ Sie gehen nach einer Weile in die Brüche.
○ Nicht so gut, es fehlt an gegenseitigem Vertrauen.
○ Sie sind OK, wir reden aber nur über Oberflächliches.
○ Sie sind gut und ich muss mich nicht verstellen.

○ Wir können einander alles sagen und ich traue mich, Verwundbarkeit zu zeigen.
○ Anderes? _____

Was willst du an deinen Freundschaften verändern?

_____

_____

_____

_____

Wie wählst du deine Freunde aus?

Die Wahl deiner Freunde hat eine große Bedeutung für dein Leben. Akzeptiert zu werden und Teil einer Gruppe zu sein, ist für dich und alle anderen Teenager ein großes Bedürfnis.

Manchen Jugendlichen reicht es, wenn sie Freunde finden, von denen sie akzeptiert werden. „Hauptsache, es will jemand mit mir zusammen sein, dann bin ich glücklich" denken viele. Kennst du solche Gedanken? Das ist nicht immer geschickt, weil ein Gruppenzwang dazu führen kann, dass du deine Grenzen ignorierst und gegen deinen Willen handeln musst. Das kann für manche ein Grund sein, Drogen zu nehmen. Manchmal ist es besser keine Freunde zu haben, statt in schlechter Gesellschaft zu sein.

Es gibt kaum etwas, wogegen man schwerer ankommt als Gruppendruck. Als Teenager tust du fast alles, um dazuzugehören. Vielleicht hast du schon erlebt, von einer Gruppe bedrängt zu werden? Wenn alle Ja sagen, ist viel Mut erforderlich, um dem ein Nein entgegenzusetzen. Dem Druck anderer zu widerstehen gehört zu den wichtigsten Sachen, die du für dich tun kannst.

Manchmal kannst du nichts anderes machen, als die Situationen, in denen du bedrängt wirst, zu verlassen. Ich kenne viele Jugendliche, die heimlich eine Party verlassen haben, auf der ihnen ständig Drogen angeboten wurden. Es scheint einfacher zu sein, die Party zu verlassen, als Nein zu sagen.

Wenn du dich mehr dafür interessierst, was du über dich selbst denkst, als was deine Freunde von dir halten, kannst du viel leichter dem Gruppendruck widerstehen.

Was kannst du machen, wenn du einem Gruppendruck ausgesetzt bist?

• Denk weiter. Was wird in Zukunft passieren, wenn du dich von dieser Gruppe unter Druck setzen lässt? In einem Monat, einem halben Jahr oder gar zwei Jahren?
• Finde die Werte, für die du einstehen kannst.
• Stärke dein Selbstvertrauen und übe Nein zu sagen.
• Bitte einen Freund, dem du vertraust, um Hilfe.
• Glaub daran, dass du auch andere Freunde finden wirst, wenn du aus dieser Gruppe austrittst.
• Finde andere Gruppen oder mach deine eigene.
• Versprich dir, Nein zu sagen, und halte dich daran.

Hast du Freunde, die positiven Druck auf dich ausüben, damit du deine besten Seiten hervorkehrst? Die dein Selbstvertrauen stärken? Bleib bei ihnen. Sie sind Gold wert!

Raus mit der Sprache

Wenn dich negative Gedanken und ein geringes Selbstwertgefühl quälen, kann es schwerfallen, Grenzen auf eine natürliche Art zu setzen. Das gilt für Gruppen, Freunde und Eltern. Wenn du passiv bist und dir zu viel gefallen lässt, wirst du überrollt. „Wer auf dem Boden liegt, wird mit Füßen getreten", sagt ein Sprichwort.

Die meisten Jugendlichen, die sich überrollen lassen, explodieren irgendwann. Wenn du das von dir kennst, musst du wissen, dass es viel besser ist, den Dampf langsam abzulassen. Dann fällt es leichter, die Dinge liebevoller anzusprechen. Deshalb: Raus mit der Sprache, wenn du etwas nicht mehr mitmachen willst.

Finde die Kraft, Nein zu sagen

Ein Nein ist nicht nur ein Nein. Oft sind unsere Signale widersprüchlich, wenn wir Nein sagen, weil wir nicht unangenehm auffallen wollen und uns wünschen, weiterhin gemocht zu werden. Sagst du vielleicht „Naja, vielleicht" oder „Nein, ich glaub nicht" und lächelst dazu?

Du möchtest deiner Freundin bei den Hausaufgaben helfen, bist aber selbst am Ende und brauchst einen Tag Ruhe. Oder müsstest dich um deine eigenen Aufgaben kümmern. Eine freundliche Absage kann so klingen: „Ich weiß, dass es für dich wichtig ist. Heute will ich aber zuhause bleiben und meine eigenen Hausaufgaben machen."

Drei Stufen des Nein-Sagens

1 Was willst du, was willst du nicht?

In Situationen, in denen du einen Gruppendruck gespürt hast, weil du dabei sein wolltest, hast du sicher schon etwas gemacht, was du bereut hast. Es ist einfach geschehen. Ich glaube, einer der Gründe dafür, dass Jugendliche Drogen ausprobieren, ist, dass ihnen noch nicht klar ist, was sie wollen und was sie nicht wollen. Somit wissen sie nicht im Vorhinein, wie sie auf ein eventuelles Angebot reagieren sollen.

Mach einmal ein Gedankenexperiment: Wann hast du etwas gemacht, was du nicht wolltest? Was war das? Welche Konsequenzen hatte es für dich? Wie ging es dir dabei und danach? Wie lange hat es dich beschäftigt?

Notiere dir, was du machst, obwohl du es gar nicht willst, und finde heraus, wann du den Teufelskreis durchbrechen willst. Du kannst schon heute damit beginnen.

2 Gönn dir eine Nachdenkpause

Wenn du etwas gefragt wirst, erwartet sich dein Gegenüber eine schnelle Antwort. Du kannst einen Druck verspüren, sofort zu antworten, und sagst dann „Naja, okay". Beim nächsten Mal kannst du sagen, dass du darüber nachdenken möchtest und dich meldest, sobald du die Antwort hast. Das kann dir helfen herauszufinden, was du wirklich fühlst, um die Frage dann stimmig zu beantworten.

3 Sag kraftvoll Nein

Achte darauf, wann dein Nein nur halbherzig ist. Ein solches Nein wie „Naja, nööö, eher nein" usw. ist kein klares Nein. Wenn wir uns unsicher sind, ob wir Nein sagen sollen, beginnen wir, uns zu erklären. Wie bei einer zerkratzten CD erklärst du es immer und immer wieder, statt einfach Nein zu sagen. Übe dich darin, die vielen Worte wegzulassen, spür das Nein in deinem Bauch und sprich es kraftvoll aus.

Hast du deine Hausaufgaben gemacht?

Hast du Zeit?

Gehst du mit?

Kaufst du ein?

NEIN

Darf ich deine neuen Stiefel ausborgen?

Findest du auch, dass sie eine Idiotin ist?

Welche Art Freund bist du?

Ein Freund, der zur rechten Zeit zu- oder absagt, ist ein Freund, auf den man sich verlassen kann. Einer, der seine Meinung sagt. Du kannst dich eher darauf verlassen, dass das stimmt, was er sagt, auch wenn es darum geht herauszufinden, ob er dich mag.

In der Übung kannst du viel Neues über dich selbst lernen. Ich hoffe, dass du bereit bist, ehrliche Rückmeldungen von einem Freund zu bekommen. Etwas, das du bisher nicht gewusst hast. Diese Ehrlichkeit ist Gold wert und stärkt eure Freundschaft.

Für diese Übung brauchst du einen/eine deiner besten Freunde oder Freundinnen. Ihr könnt ja beide die Übung machen. Bevor ihr beginnt:

* Erzähl deiner Freundin/deinem Freund, dass ihre/seine Antworten OK sind.
* Bereite dich darauf vor, Negatives zu hören, sonst artet es in Schulterklopfen aus - dadurch entwickelst du dich nicht weiter.
* Versichere ihr/ihm, dass du ihr/ihm für ihre/seine Ehrlichkeit keine Vorwürfe machen wirst. Dass sie/er keine Konsequenzen zu befürchten hat.
* Halte dein Versprechen.

Interview
Schreib die Antworten in einen Notizblock

1 Welche fünf Dinge magst du an mir am meisten?
2 Was können wir zu zweit am besten?
3 Was würdest du am meisten vermissen, wenn ich nicht mehr da wäre?

4 Wie offen findest du mich? Kreuze an ✗
   Gar nicht offen   fast nicht offen   ein wenig offen   sehr offen
        ○   ○   ○   ○
5 Welchen Rat würdest du mir geben, um mein Selbstwertgefühl zu stärken?
6 Womit habe ich dich im Laufe der Zeit verletzt?
7 Was fällt dir schwer, mir zu sagen?
8 Was kann ich tun, um ein noch besserer Freund zu werden? (Mindestens zwei Dinge)
9 Was sollte ich deiner Meinung nach an mir verändern?
10 Wofür sollte ich mich deiner Meinung nach loben?

Beim Schreiben dieses Buches habe ich diese Übung mit ein paar Freundinnen und von mir gecoachten Jugendlichen gemacht. Ich sage dir, diese Übung versetzt eurer Freundschaft einen richtigen Kick. Wenn du dir unsicher wirst, ob du dich traust, die Antworten zu hören: Bring den Mut auf und mach eurer Freundschaft durch diese Übung ein Geschenk.

Sechs Möglichkeiten, Freundschaften zu vertiefen

1 Nimm es nicht persönlich

Nun musst du deine Augen besonders weit aufmachen. Deine Freundschaften werden viel besser werden, wenn du das Folgende genau liest.

Das Wichtigste, das du über deine Freunde wissen solltest, ist, dass auch ihre Stimmungen schwanken. Das ist nichts Neues. Aber wenn Menschen schlechte Laune haben, reagieren sie aggressiv und nehmen eine Abwehrhaltung ein. Schlechte Laune schafft Wut, Frustration und Stress und führt dazu, dass man den Überblick verliert und nicht mehr der sonst gute und mitfühlende Freund sein kann. Wenn du dich also von Freunden angefeindet fühlst oder sie in eine Verteidigungshaltung fallen, liegt das höchstwahrscheinlich an ihrer schlechten Laune. Es gibt also keinen Grund, das persönlich zu nehmen. Es geht nicht um dich, sondern um die schlechte Laune deines Freundes oder deiner Freundin.

Wenn du darüber nachdenkst, findest du heraus, dass schlechte Laune oft der Grund für Konflikte ist. Vielleicht warst du müde oder hattest einen schlechten Tag. Dann kreuzt ein Freund in ungemein guter Stimmung auf, was du in diesem Moment nicht aushältst. Ihr habt aneinander vorbeigeredet, jeder in seiner Stimmung, jeder auf seiner Frequenz.

In einem Fragebogen habe ich 36 Jugendliche gefragt, worum es in ihren größten Konflikten mit Freunden ging. 32 antworteten, dass es vor allem um verletzte Gefühle ging oder dass sie etwas zu persönlich genommen hätten. Denk darüber nach, wie viel Zeit wir mit unnötigen Konflikten vergeuden. Kannst du hinter die Kulissen schauen und herausfinden, warum dein Freund/deine Freundin so reagiert? Achte darauf, ob es nur um die Stimmung des anderen geht oder ob ein Krieg gegen dich persönlich geführt wird.

Wer hat etwas von deiner schlechten Laune abbekommen?

_____

_____

Was tust du, um das wieder zu bereinigen?

_____

_____

Wann willst du das tun?

_____

_____

„Ich kenne das Gefühl des schlechten Gewissens, wenn ich in der Schule jemandem etwas angetan habe. Das Leben ist zu kurz, um sich nicht zu entschuldigen. Also tue ich es. Wenn ich mich entschuldige, verschwindet mein schlechtes Gewissen."

Daniel, 9. Schulstufe

2 Gib und dir wird gegeben

Die Wenigsten geben etwas, ohne eine Gegenleistung zu erwarten. Egal, ob es sich um Geld, Liebe, Anerkennung oder Hilfe dreht. Es wird sozusagen ein inneres Konto geführt, auf dem immer verzeichnet wird, wenn wir jemandem einen Dienst erweisen oder Hilfe bekommen. Wenn ein Freund sein Konto bei dir überzieht, weil er Hilfe annimmt, aber nichts zurückgibt, wirst du bitter. Du ziehst dich zurück, zweifelst an der Freundschaft oder hörst ganz auf, etwas zu geben.

Es ist kein Fehler, sich zu wünschen, etwas zurückzubekommen, wenn man anderen etwas gibt. Wenn du aber vor allem deshalb anderen hilfst, weil du dir etwas erwartest, wirst du ziemlich sicher unzufrieden. Du fürchtest, nicht genug zurückzubekommen, und möchtest sicherstellen, dass du nicht leer ausgehst. Es schafft nur Wut, Bitterkeit und Feindschaft, wenn du darauf aus bist, dass dein Kontostand stimmt.

> ## „Wenn wir aus Liebe und nicht aus Berechnung geben, bekommen wir in der Regel mehr zurück, als wir uns vorstellen können."
> Susan Jeffers

Oft ist das Beste, was du Freunden geben kannst, dein offenes Ohr. „Lausche und vertiefe" ist eines meiner Mottos. Was glaubst du, ist es wert, wenn du den Problemen eines Freundes lauschst, ohne gleich deinem Kommentardrang nachzugeben? Es ist wirklich nicht leicht, sich in einem Gespräch zurückzuhalten. Ich habe mal eine Übung gemacht, in der ich einen ganzen Tag nicht reden, sondern nur zuhören durfte. Ich durfte nichts erzählen oder sagen „Das kenne ich". Und nachdem ich so eine Plaudertasche bin, war es für mich nicht leicht, dafür umso lehrreicher.

3 Lern, über die schwierigen Dinge zu sprechen

Ja, das kann ich leicht sagen. Ich weiß, dass es schwer sein kann, den Zugang zu den inneren Gefühlen frei zu machen. Denk daran, was du im Kapitel 5 über Gefühle gelernt hast: Viele behalten schmerzhafte Gefühle für sich, weil sie anderen Menschen nicht zur Last fallen wollen. Denk aber auch daran, dass wir Menschen es lieben, anderen Menschen zu helfen. Das gilt auch für dich.

Versteck deinen Schmerz nicht, als ob er ein Geheimnis wäre. Das würde nur dir schaden! Teilst du deine Trauer und Enttäuschung mit deinen Freunden, schaffst du die Grundlage für das Vertrauen, das sie brauchen, um sich dir gegenüber zu öffnen. Sie sind die besten Zuhörer, weil sie dich am besten kennen. Eure Freundschaft wird wachsen und sich vertiefen, wenn ihr nicht nur über Oberflächliches redet.

4 Schaff Ordnung in deinen Freundschaften

Manchmal sind wir Angsthasen und versuchen, Konflikten auszuweichen. Ich verspreche dir, dass es dich viel Kraft kostet, wenn du mit Freunden nicht klärst, was zu einem Konflikt geführt hat. Du weißt sicher, wie es ist, ein unnötiges Kilo zu viel mit dir herumzuschleppen. Und nichts wiegt mehr als Unfrieden. Deshalb zahlt es sich aus, Ordnung zu schaffen.

Es gibt Leute, die lieber schlechte Entschuldigungen für die Beendigung einer Freundschaft erfinden, als für sie zu kämpfen. Sie geben dem anderen die Schuld. Sie denken, dass sie einander nichts mehr zu sagen haben. Sie sagen, dass sie sich wohl auseinandergelebt hätten. Oder: „Sie hat sich so verändert, dass ich sie nicht mehr wiedererkenne." Mach mal Stopp, bevor du noch weiter gehst. Es gibt immer etwas, was du noch tun kannst, um die Freundschaft zu retten. Schau zuerst dich selbst an. Was ist dein Beitrag zu diesem Konflikt? Kannst du der/die Großmütige sein, der/die Verantwortung übernimmt und versucht, den Konflikt zu bereinigen? Ich glaube, du bist der/die Richtige dafür!

5 Sei loyal

Was denkst du, wenn eine Freundin über Mitschüler herzieht, über sie urteilt und sie anschwärzt? Denkst du dann nicht darüber nach, was sie auch über dich sagen könnte, wenn du nicht anwesend bist?

„Ich würde nie meine Freunde anschwärzen" sagst du vielleicht jetzt. Darum geht es mir aber gar nicht. Wenn du über andere Menschen urteilst, denken deine Freunde, dass sie auch irgendwann an der Reihe sind. Sie können Angst davor kriegen, was geschieht, wenn ihr Streit habt. Was geschieht, wenn …

Loyale Menschen meiden Tratsch. Sie behalten Geheimnisse für sich. Wenn du Geheimnisse anvertraut haben möchtest, dann halte dein Versprechen, sie nicht auszuplaudern.

Loyal sein heißt auch, für deine Freunde da sein, wenn sie in der Klemme stecken. Wird einer deiner Freunde angeschwärzt oder ausgegrenzt, musst du für ihn da sein. Das heißt auch, dass du den Mut haben musst, dich bei anderen unbeliebt zu machen, um deinen Freund zu unterstützen - das ist Loyalität.

6 Hör auf zu meckern

Achte darauf, was du sagst, wenn du mit deinen Freunden redest. Meckerst du über andere Menschen? „Ih, ist die aber dumm und dämlich" oder „Ich hasse die Schule, die ist so fad". Versuch einen Tag lang nicht zu meckern und niemanden zu kritisieren. Du wirst überrascht sein, wie schwer es fällt. Vielleicht fällt dir dabei auf, wie oft du meckerst und Negatives sagst. Meckern ist eine Gewohnheit und es dauert seine Zeit, sie abzulegen. Aber wenn du es schaffst, wirst du mit dir und der Welt im Allgemeinen zufriedener sein.

Freunde finden

Wenn du einen Freund haben oder neue Freunde finden möchtest, ist es eine gute Idee, wenn du dich zuerst selbst anschaust und herausfindest, wie du auf neue Leute reagierst.

Bist du ein Geber oder ein Nehmer? Bist du entgegenkommend oder distanziert? Wartest du darauf, dass andere auf dich zugehen, oder ergreifst du die Initiative? Wie reagieren neue Menschen auf dich? Wirken sie positiv, schwindet ihr Interesse schnell oder …?

Denk darüber nach, wie du auf neue Menschen reagierst

Was glaubst du, welchen ersten Eindruck man von dir bekommt?

Wie sprichst du mit neuen Leuten?

Wie ist deine Stimmführung? Mäuschenstill oder laut und polternd?

Sprichst du deutlich?

Schaust du ihnen in die Augen?

Wie fest ist dein Händedruck?

_____

Verurteilst du andere oder bist du offen und akzeptierst Leute, wie sie sind?

_____

Was machst du gut und was willst du weiterhin tun, wenn du neue Leute triffst?

_____

Was musst du ändern, um neuen Menschen bestmöglich zu begegnen?

_____

„Wenn jemand nicht dasselbe mag wie du, heißt das nicht, dass es nichts wert ist. Wäre Schokoladeeis schlecht, nur weil du es nicht magst?"

Melanie Fennell

Was hast du in diesem Kapitel gelernt?

_____

_____

_____

_____

Welche Schritte musst du machen, um deine Freundschaften zu vertiefen?

_____

_____

_____

_____

TEENTIPPS

1 Halte deine Versprechen Freunden gegenüber.

2 Sei loyal. Versuch einen Tag lang nur Positives über andere Menschen zu sagen. Das kann deine Ausstrahlung verändern und dir neue Freunde bescheren.

3 Lausche und vertiefe! Einen Tag lang mehr lauschen als reden. Achte darauf, wie es deinem Freund/deiner Freundin geht.

4 Entschuldige dich. Wenn du abends ins Bett gehst, solltest du darüber nachdenken, bei wem du dich noch entschuldigen solltest. Wann willst du es tun?

5 Gib deinen Neid auf. Es gibt genug für alle – auch für dich.

6 Verstell dich nicht. Je authentischer du bist, desto mehr wird dir vertraut.

7 Lass die Vergleiche sein. Wenn du ein unsicherer Mensch bist, kann es dir schwerfallen, dich für andere zu freuen. Du fühlst dich von der Beliebtheit anderer bedroht. Bemüh dich, dich nicht mit anderen zu vergleichen, und nimm einen gleichwertigen Platz neben deinen Freunden und Freundinnen ein. Das vertieft eure Freundschaft.

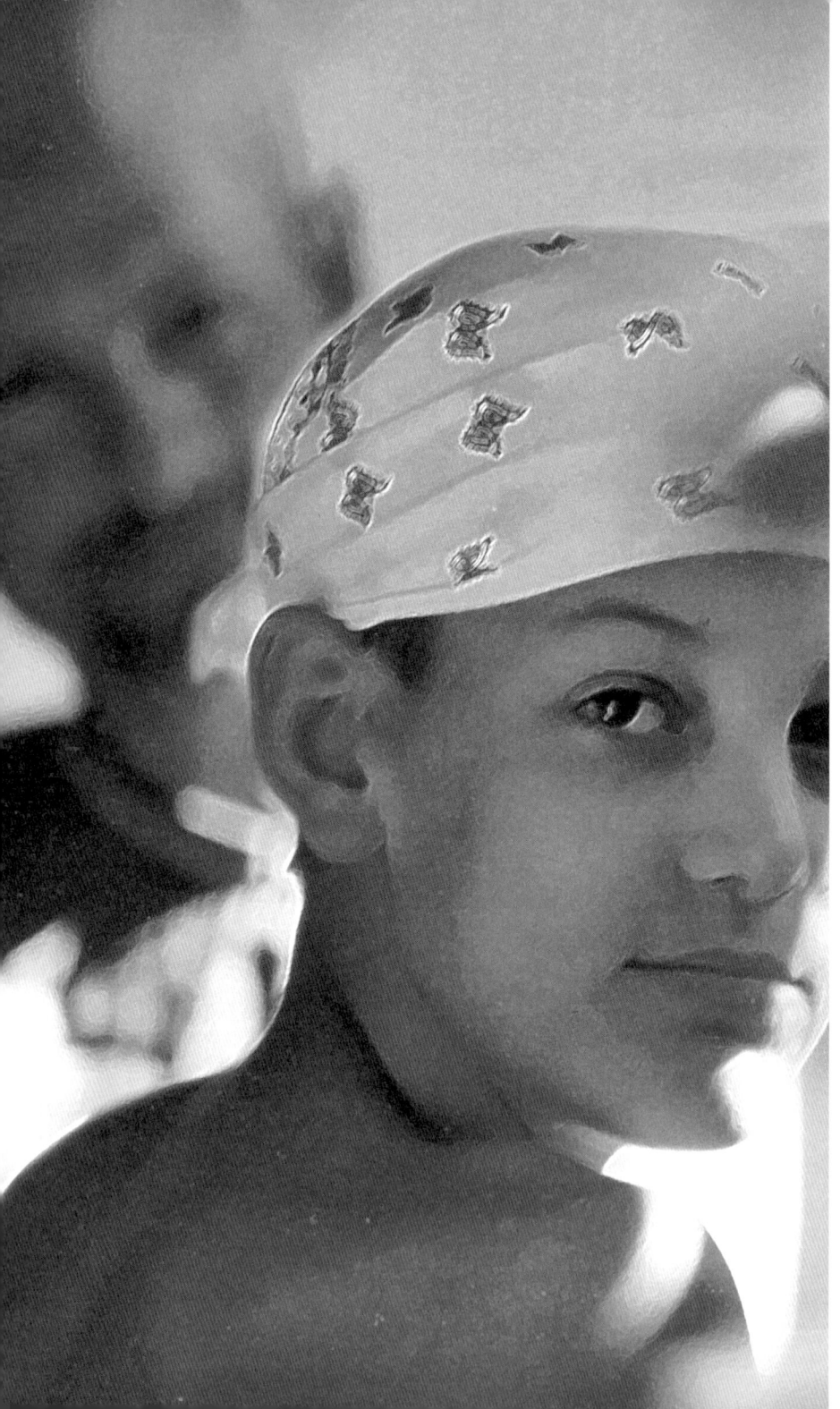

Wie du mit deinen
Eltern
klarkommst

Worum geht es in diesem Kapitel?

In diesem Kapitel geht es darum, was du machen kannst, damit es dir mit deinen Eltern besser geht. Vielen Teenagern fällt die Kommunikation mit ihren Eltern schwer. Hier kannst du Geduld lernen und herausfinden, wie du deine Eltern dazu bringst, dir mehr zuzuhören. Du bekommst auch Tipps dafür, wie du ihr Vertrauen wiedergewinnen kannst.

Warum deine Eltern so sind, wie sie sind

Es ist die Verantwortung deiner Eltern, ordentlich mit dir umzugehen. Im Umgang mit Kindern und Jugendlichen sollte man respektvoll und liebevoll sein. Das ist nicht einfach und deine Eltern machen im Umgang mit dir wahrscheinlich etwa 30 Fehler pro Tag. Das macht sie dadurch aber nicht schlechter. Genauso wenig wie du durch deine Fehler ein schlechterer Mensch wirst. Wir sind Menschen mit Gefühlen und Gedanken und keine perfekten Roboter.

Vom Bäuerchen zu „Halt's Maul, Mutter"

Ich glaube, dass Kinderkriegen das Beste im Leben eines Menschen ist. Als deine Eltern das erste Mal in deine süßen Augen sahen, war das sicher ein Erlebnis unglaublicher Liebe. Dir gehen, sprechen und Rad fahren beizubringen, fast alles zu wissen, was du machst, war sicher schön. Über dich zu bestimmen, gab deinen Eltern in den ersten zwölf Jahren deines Lebens Sicherheit. Die Liebe, die sie dir geben wollten, hast du freudig angenommen, weil du ein Kind warst und du sie gebraucht hast.

Und dann wirst du allmählich erwachsen. Deinen Eltern kann es schwerfallen zu akzeptieren, dass du sie nicht mehr so viel brauchst. Sie können den Eindruck haben, dass sie einen Teil von dir verloren haben. Vielleicht zweifeln sie daran, dass die Welt auf dich aufpasst. Sie machen sich Sorgen, ob du mit den Herausforderungen des Lebens klarkommst. Und ob du die richtigen Entscheidungen triffst. Mit diesen Gedanken und Gefühlen können sie auf dich, deine Wünsche und deine Entwicklung kontrollierend und abweisend wirken.

Als Jugendlicher brauchst du eine andere Form elterlicher Liebe als ein Kleinkind. Sowohl du als auch deine Eltern müssen diese andere Form des Umgangs erlernen. Vielleicht sind dir die offenen Ohren deiner Eltern wichtiger als ihre Ratschläge? Oder du willst vor deinem Lieblingslokal nicht umarmt werden? Vielleicht brauchst du aber nach wie vor Umarmungen und einen Gutenachtkuss? Ich glaube, dass du die immer brauchen wirst und vielleicht brauchst du sie vor allem in diesen schwierigen Jahren.

Sei nachsichtig mit deinen Eltern!

Und denk daran, dass die meisten Eltern ihren Kindern mehr Freiheiten geben, wenn sie wissen, was sich in deren Leben abspielt. Erzähl deinen Eltern von deinem Leben. Je weniger Sorgen sie sich machen, desto mehr Freiheit gewähren sie dir.

Wenn du misstrauische Eltern hast

Wenn du misstrauische Eltern hast, ist vielleicht zwischen euch etwas vorgefallen, was euer Vertrauen beeinträchtigt hat? Gab es Situationen, in denen du ein Versprechen gebrochen hast oder hast du dich mehrmals nicht an Abmachungen gehalten? Wenn du dein Wort hältst, verspreche ich dir, dass ihr Vertrauen in dich wächst. Und wenn deine Eltern ein Versprechen gebrochen haben, dann sei mutig und sag ihnen, was du dabei empfindest. Bist du verletzt? Fühlst du dich verraten?

Wenn uns nahestehende Menschen uns gegenüber misstrauisch werden, hat das oft etwas damit zu tun, dass wir unser Wort gebrochen haben. Wenn du oft versucht hast, ihr Vertrauen wiederzugewinnen, das aber jedes Mal in einem Streit geendet hat, dann schreib ihnen einen Brief. Du kannst beispielsweise schreiben:

> Liebe Mutter, lieber Vater.
>
> Ich weiß, dass ich mein Wort ... Mal gebrochen habe. Ich fühle mich ... Ich möchte euer Vertrauen wiedergewinnen. Ihr könnt mir glauben, dass ich mich an unsere nächste Abmachung halte.

Wenn du immer nur ein Nein bekommst

Du wirst vielleicht ganz schön sauer auf deine Eltern, wenn dir ein großer Wunsch verweigert wird. Wenn man zeigen will, dass man selbstständig und verantwortungsvoll handelt, kann ein Nein besonders frustrierend sein.

Wenn es ganz unmöglich ist, ihr Vertrauen wiederzugewinnen, dann kannst du ihnen vom Buch *Pubertät - Wenn Erziehen nicht mehr geht: Gelassen durch stürmische Zeiten* von Jesper Juul erzählen. Durch dieses Buch können sie lernen, die Kontrolle bleiben zu lassen und dir mehr zu vertrauen. Du kannst aber auch darüber nachdenken, wie du ihr Vertrauen wiedergewinnen kannst, damit sie freigiebiger werden.

Wenn es euch miteinander gut geht

Weil du so bist, wie du bist, hast du zu eurem gegenseitigen Vertrauen beigetragen. Pflege eure Beziehung wie eine schöne Blume, die in deinem Garten blühen soll. Setz fort, was deiner Meinung nach die Beziehung fördert, und ändere, was nicht funktioniert.

Wenn du mit deinen Eltern fast nicht reden kannst

Teenagern kann es schwerfallen, Eltern mit neuen Augen zu sehen. In deiner Kindheit haben sie über dich bestimmt und hatten oft recht mit dem, was sie sagten. Für Teenager verlieren Eltern auf einmal ihren „Götterstatus". Du siehst sie als Menschen mit guten und schlechten Seiten. Du stehst ihren Haltungen kritischer gegenüber und vergleichst diese mit deinen eigenen Ansichten.

Deine Eltern sind nicht perfekt. Und das bist du wohl auch nicht. Versuche sie so zu akzeptieren, wie sie sind. Denk auch an ihre guten Seiten.

Kannst du deine Sicht auf deine Eltern wieder ändern? Wenn du sie innerlich verurteilst, merken sie das. Kannst du ihnen auch verzeihen?

Wenn ihr in eurer Beziehung festgefahren seid, kann dir vielleicht ein anderer Erwachsener helfen. Wir haben alle das Bedürfnis, unsere Sorgen zu teilen.

ELTERNTEST

Dieser Elterntest ist hilfreich für den Rest des Kapitels. Er zeigt dir, was zwischen dir und deinen Eltern gut läuft und wo ihr frischen Wind braucht.

Ja   Nein

Weißt du, wie du deinen Eltern zeigen kannst, dass du sie respektierst?

Hast du die Angewohnheit, Augen und Ohren zu schließen, wenn deine Eltern mit dir reden?

Machen deine Eltern stundenlange Erklärungen und fragen ständig „Warum und wieso machst du dieses und jenes"?

Erzählen dir deine Eltern verstaubte Geschichten aus ihren Teenagerjahren?

Gehst du nur dann zu deinen Eltern, wenn du ein Problem hast?

Gehst du nur dann zu deinen Eltern, wenn es dir gut geht?

Bist du kindischer, wenn du mit deiner Familie zusammen bist, als wenn du dich mit Freunden triffst?

Hast du den Eindruck, dass deine Eltern dich von oben herab behandeln?

Fällt es dir schwer, das Verhalten deiner Eltern zu verstehen?

Fühlst du dich von deinen Eltern akzeptiert?

Akzeptierst du sie, wie sie sind?

Hast du jemanden, mit dem du über dein Verhältnis zu deinen Eltern sprechen kannst?

Ist dir klar, was du am meisten an deiner Mutter und an deinem Vater schätzt?

Was ist positiv an deinem Verhältnis zu deinen Eltern?

Was in deiner Beziehung zu deinen Eltern bedarf einer Veränderung?

In welchen Bereichen bist du dafür verantwortlich, wie es euch miteinander geht?

Gib, was du selbst haben möchtest

Der beste Zugang zu Glück und Lebensfreude ist, jemandem etwas zu geben, weil Schenken glücklich macht. Du hast sicherlich schon erlebt, wie schön es ist, jemandem zu helfen? Du hast bestimmt schon einem Freund durch ein Gespräch aus der Patsche geholfen? Nach dem Gespräch ging es ihm besser. Bei jeder guten Tat bekommst du im Gegenzug gute Gefühle.

Was ist mit deinen Eltern?

Oft wird es dir besonders schwerfallen, deinen Eltern wirklich wichtige Dinge zu sagen. Es kann schwer sein, ihnen mitzuteilen, dass du nicht ständig ihre Hilfe oder Fürsorge brauchst. Vielleicht hast du Angst, sie zu verletzen.

In Konflikten mit deiner Mutter oder deinem Vater zeigst du oft deine Wut, wirst sauer wie eine Zitrone und wirfst hinter dir die Tür zu. Deine Verwundbarkeit zu zeigen und deinen Eltern zu sagen, dass du traurig wirst, wenn ihr streitet, ist nicht so leicht. Wenn du auf sie wütend bist, fällt es dir vielleicht leichter, deine Wut statt deiner Gefühle zu zeigen? Wütende Worte kann man nicht so leicht ernst nehmen. Du kennst es sicher von dir selbst, wie es ist, wenn du in deine Abwehrhaltung wechselst, weil jemand wütend wird und dich anklagt? Das ist eine natürliche Reaktion, die auch deine Eltern haben.

Versuch stattdessen, deinen Eltern mit Liebe und Respekt zu begegnen. Finde heraus, was dir fehlt und was du von ihnen brauchst. Und versuch ihnen das zu sagen.

Ein Rezept für Vertrauen

Hast du eine Zeit gehabt, in der du deine Versprechen deinen Eltern gegenüber nicht gehalten hast? **Wenn du ihnen zeigst, dass sie sich auf dich verlassen können,** ist es wahrscheinlich, dass sie dir mehr Freiraum zugestehen. Bau ihr Vertrauen in dich Schritt für Schritt auf. **Sei clever und vergiss deinen Stolz ein wenig.** Sag ihnen, dass du Absprachen mit ihnen machen möchtest, die für beide Seiten gut sind.

„Zu seinem Wort stehen"

Wenn wir einen Blödsinn machen und das Vertrauen anderer verlieren, ist es nie zu spät, es wieder herzustellen. Das nenne ich „zu seinem Wort stehen". Du hast dir sicher schon geschworen, deine Aufgaben rechtzeitig zu machen - und hast es nicht gemacht. Vielleicht schwörst du, jemandem einen Wunsch auszuschlagen, und sagst dann doch „Jaaa".

Wenn du das tust, brichst du dein Wort und dein Selbstrespekt versinkt im Boden und mit ihm dein Gefühl, stark zu sein.

So verhält es sich auch, wenn du deinen Eltern etwas versprichst. Wenn du dich dann nicht daran hältst, verlieren sie den Respekt vor deinem Wort.

1 Steh zu deinem Wort - für dich und andere. Wenn du dein Wort brichst (du bist wie jeder Mensch nicht perfekt), dann mach es wieder gut, indem du dich entschuldigst. Schlag vor, wie du das Vertrauen wieder herstellen kannst. Das ist ganz einfach. Wenn es dir dennoch schwerfällt, steht dir vielleicht dein Stolz im Weg? Oder willst du vielleicht Recht behalten?

2 Du musst nicht immer Recht behalten. Wenn du immer Recht haben willst, geht das auf Kosten deiner Beziehung zu Freunden, Eltern und Bekannten. Es ist schwer, Liebe und Nähe zu spüren, wenn du immer oder oft Recht behalten willst. Verzichte auf deine Sturköpfigkeit und du wirst Liebe und Vertrauen ernten. Sehnst du dich nicht in Wirklichkeit nach Liebe und Vertrauen?

3 Trainiere deine Geduld und Offenheit. Wenn dir deine Eltern verbieten, auf eine Party zu gehen, und du mit Schreien und Türe-Zuwerfen reagierst, können sie den Eindruck bekommen, dass du nicht sehr reif bist. Und sie trauen dir weniger zu, als du dir wünschst.

Atme stattdessen tief durch und denk genau nach, was du von deinen Eltern verlangst. Was wünschst du dir? Wie wirst du ihnen deinen Wunsch präsentieren? Achte darauf, wann du zu hitzköpfig wirst und was dann geschieht. Nimm eine Auszeit, wenn du schon rot siehst, und kehre zurück, wenn du dich wieder beruhigt hast und dein „Verhandlungshirn" wieder funktioniert.

4 Nächste Verhandlungsrunde! Wenn du dich bemüht hast, durch ein gutes Gespräch mit deinen Eltern ihr Vertrauen wiederzugewinnen, ist die Zeit für neue Verhandlungen gekommen. Die Ohren deiner Eltern sind durchgeputzt, sie können dich besser hören und dein Selbstrespekt ist wieder gewachsen.

Nun musst du dich in Geduld und Offenheit üben. Sieh die Angelegenheit auch von ihrer Perspektive aus und sag, was du möchtest. Äußere deinen Wunsch, aber sag nicht „Ich will, dass ihr mir das erlaubt, weil ich sonst wieder schreie".

Löse den Konflikt

1 Beschreib das Problem.
Worin besteht der Konflikt?

2 Versteh ihre Sicht.
Versuch zuerst, ihre Gedanken und Haltungen zu hinterfragen. Warum sagen sie, was sie sagen?

3 Achte darauf, verstanden zu werden.
Versuch, verstanden zu werden, indem du deine Ideen, Ansichten und Wünsche in aller Ruhe darlegst.

4 Brainstorming.
Finde neue Lösungen. Bring drei Alternativen zu der Lösung, an der du zuvor festgehalten hast.

5 Wähle die beste Lösung.
Verzichte auf dein Bedürfnis, deine Methode durchzusetzen. Wenn du dich nicht durchsetzen willst, hört dir dein Gegenüber mehr zu.

Was denkst du über deine Eltern?

Welche negativen Gedanken verbindest du mit deinem Vater? Welche Überschrift würdest du für ihn wählen? (Ist er schwach, ärgerlich, zu dumm, peinlich oder ...?)

Er ist: _____

Welchen Teil seiner Persönlichkeit schätzt du am meisten?

Er ist: _____

Welche negativen Gedanken verbindest du mit deiner Mutter? Welche Überschrift würdest du für sie wählen? (Ist sie dominant, schwach, ärgerlich, zu dumm, peinlich oder ...?)

Sie ist: _____

Welchen Teil ihrer Persönlichkeit schätzt du am meisten? (Ist sie mitfühlend, liebevoll, eine gute Zuhörerin oder ...?)

Sie ist: _____

Raus mit der Sprache

Kinder wünschen sich nichts mehr, als ihre Eltern glücklich zu machen. Du hast das natürliche Bedürfnis, deinen Eltern gegenüber loyal zu sein und auf sie aufzupassen. Dieses Bedürfnis kann aber durch Konflikte von anderen Gefühlen wie Wut oder Bitterkeit überschattet sein. Nach mehreren Tagen Krach kann es schwierig sein, den Wunsch, auf sie aufzupassen, zu spüren. Denk aber darüber nach. Du bist deiner Mutter gegenüber „loyal", wenn es dir schwerfällt ihr zu sagen, dass du wirklich traurig bist. Oder wenn du befürchtest, dass sich deine Eltern scheiden lassen, weil du sie im Wohnzimmer streiten hörst, wenn du schon im Bett liegst. Du traust dich aber vielleicht nicht, sie darauf anzusprechen. Du passt auf deine Art auf sie auf. Du willst sie nicht enttäuschen und in ihre traurigen Augen schauen, wenn du ihnen ehrlich von deinen Gefühlen erzählst. „Die haben ohnehin genug um die Ohren", denkst du vielleicht.

Wenn deine Eltern harte Zeiten durchmachen, die Arbeit sie stresst oder sie traurig sind, möchtest du etwas tun, um sie glücklich zu machen. Du hast vielleicht Angst davor, mit schlechten Noten nach Hause zu kommen oder dass sie im nächsten Elterngespräch nur hören: „Das könnte sie viel besser." Vielleicht denkst du, dass du am Ende schuld daran bist, dass sie so besorgt sind. Du kannst auch Schwerwiegendes getan haben, das ihnen Sorgen macht. Und dann wird dein Schuldgefühl noch größer.

Meine Erfahrung mit Teenagereltern ist, dass sich das Verhältnis zwischen Kindern und Eltern bessert, sobald sie ein wirklich gutes Gespräch miteinander führen, in dem die Eltern Einblick bekommen, wie es ihren Kindern geht. Die meisten Eltern sagen, dass das Leben ihrer Teenager ihnen Sorgen macht. Einsamkeit hält Einzug, wenn beide Parteien nicht miteinander darüber reden, wie es ihnen geht und was sie denken. Nimm deinen Mut zusammen und gib ein wenig mehr von dir preis.

Deine Eltern halten mehr aus, als du glaubst. Ihre Verwundbarkeit und traurigen, sorgenvollen Augen können andere Ursachen haben, als du glaubst. Gewöhne dich an den Gedanken, dass es nicht in deiner Verantwortung liegt, sie glücklich zu machen. Das ist ihre eigene Verantwortung. Wenn sie sich Sorgen machen, liegt es an ihnen, die Sorgen wieder loszuwerden oder sich auf diesem Gebiet zu entwickeln. Arbeite daran, wenn du das Gefühl hast, dass ihr euch auseinanderentwickelt habt und voneinander nicht mehr wisst, wie es euch geht.

Was hast du in diesem Kapitel gelernt?

_____

_____

_____

_____

_____

_____

Was kannst du tun, um das Verhältnis zu deinen Eltern zu verbessern?

_____

_____

_____

_____

_____

_____

TEENTIPPS

1 Finde heraus, welche negativen Gedanken du über deine Eltern hast. Vielleicht haben sie gar keine Chance, sich zu ändern, wenn du so über sie denkst?

2 Such das Gespräch mit deinen Eltern. Du musst damit beginnen und erzählen, worüber du mit ihnen reden möchtest.

3 Bitte deine Eltern, in dein Zimmer zu kommen, und erzähl ihnen aus deinem Leben. Sie wünschen sich sehr, etwas über dein Leben und deine Gedanken zu hören. Du punktest, wenn du deine Verletzbarkeit und dadurch dein Vertrauen zeigst.

4 Bleib ruhig in Konflikten. Übe, dich nicht von Dingen mitreißen zu lassen, von denen du dich provoziert fühlst.

5 Zeig Interesse für das Leben deiner Eltern. Wie war ihr Tag?

6 Hör auf, Freiheit zu fordern. Sei jemand, dem man Freiraum gewähren möchte.

7 Erlaube dir, dem Rat deiner Eltern gegenüber offen zu sein. Vielleicht ist auch ein wertvoller Tipp dabei.

8 Schau dich in den Spiegel und frag dich, ob du selbst das tust, was du von ihnen verlangst.

Lern, dich selbst zu coachen

Worum geht es in diesem Kapitel?

Hier lernst du, wie du dich selbst coachen kannst, um Neues zu lernen und deine Ziele zu erreichen - und das macht Spaß. Du kannst die Übungen für dich und deine Freunde und Freundinnen verwenden.

Was ist Coaching?

Coaching ist eine Methode, mit der man lernt, seine Fähigkeiten und Möglichkeiten zu nutzen. Wenn du dich selbst coachst, musst du zuerst lernen, was dich am Erreichen deiner Ziele hindert. Genauso wichtig ist es, herauszufinden, warum du genau dieses Ziel erreichen möchtest und wie du es erreichen kannst. Du kannst natürlich auch deine Freunde coachen. Bedenke aber, dass sie dazu auch wirklich Lust haben müssen, sonst fühlen sie sich bedrängt und dann hat niemand etwas vom Coaching.

1] Steck dir ein Ziel
2] Lern deine Stopp-Gedanken kennen
3] Tank auf
4] Such nach Gold
5] Ändere deine Gewohnheiten

Schritt für Schritt zu Teenpower

1] Steck dir ein Ziel

Dein Ziel kann vieles sein. Eine bestimmte Note in einem Unterrichtsgegenstand bekommen, kann ein Ziel sein. Neuen Menschen offen zu begegnen ist auch ein Ziel. Es ist wichtig, dass dein Ziel etwas ist, was du wirklich erreichen möchtest. Bei Zielen, die du erreichen musst oder solltest, wirst du schnell die Freude verlieren.

Die Jugendlichen, die ich in den letzten Jahren gecoacht habe, hatten ganz unterschiedliche Ziele. Ein paar Beispiele zur Inspiration:

- Ich will lernen, bei Partys meinen Freunden auch mal eine Absage zu erteilen.
- Ich will mutiger werden und lernen, in der Schule aufzuzeigen.
- Ich möchte lernen, neuen Menschen gegenüber offen zu sein, um dadurch neue Freunde zu gewinnen.
- Ich möchte ein Freund sein, auf den man sich verlassen kann.
- Ich will meine Gefühle kennenlernen und lernen, sie mitzuteilen.
- Ich will lernen, mit meinen Eltern darüber zu reden, wie es mir geht.
- Ich will mir selbst mehr zutrauen und mich unter Freunden sicherer fühlen.
- Ich möchte Freunde finden.
- Ich möchte einen Freund/eine Freundin haben.
- Ich will mit mir und meinem Aussehen zufrieden sein.
- Ich will lernen, mich so, wie ich bin, zu akzeptieren.
- Ich möchte meinem Vater vergeben.
- Ich will lernen, meine Meinung, so wie sie ist, zu sagen.

Das ist eine **smarte** Methode, sich Ziele zu setzen. Wenn du deine Ziele jetzt finden möchtest, kannst du das SMART-Modell verwenden:

SMART steht für:
Spezifisch
Messbar
Attraktiv
Realistisch
Timing

Spezifisch
Bedeutet, dass du dir ein Ziel setzt, das einfach und prägnant ist. Also kein Ziel, das in vier langen Sätzen beschrieben wird. Du musst dir dein Ziel merken können, auch wenn du mitten in der Nacht danach gefragt wirst.

Messbar
Bedeutet, dass du wissen sollst, wann du dein Ziel erreicht hast. Was musst du fühlen, wenn du es erreicht hast? Deine Gefühle können trügerisch sein, wenn du ein Ziel verfolgst. Vielleicht bist du jemand, der nie ganz zufrieden sein wird. Um das zu vermeiden, musst du herausfinden, wie du dich fühlen willst, wenn du am Ziel angekommen bist.

Wie wirst du dich fühlen, wenn du das Ziel erreicht hast? Spür diesem Gefühl gut nach und stell dir vor deinem inneren Auge vor, wie es für dich sein wird.

Attraktiv
Bedeutet, dass es wichtig ist, dass dein Ziel beispielsweise nicht von deinen Eltern bestimmt wurde. Es soll kein fades „Pflichtziel" sein. Es muss sich für dich auszahlen, das Ziel zu verfolgen. Manche Jugendliche sagen mir zum Beispiel, dass sie gut in Mathe werden wollen. In Wirklichkeit wollen sie aber gut genug für ihre Eltern sein und von ihnen respektiert werden.

Realistisch
Bedeutet, dass du bei deiner Planung, wie du das Ziel erreichen willst, realistisch sein sollst. Wenn du in der Schule öfters aufzeigen willst, sollst du nicht von Anfang an von dir fordern, täglich fünf Mal aufzuzeigen. Beginn lieber mit drei Mal in der Woche.

Timing

Bedeutet, dass du herausfinden sollst, wann du dein Ziel erreichen willst. Gerade Offenheit als Ziel ist schwer zu messen. Es gibt viele Arten der Offenheit. Zerleg den Weg zum Ziel in Etappen. Wie offen möchtest du in drei Monaten sein? Was möchtest du zu diesem Zeitpunkt können? Wem gegenüber möchtest du offen sein? Wie offen willst du in einem Jahr sein?

Um zu messen, ob du am richtigen Weg bist, ist es eine gute Idee, in deinem Tagebuch oder Kalender zu notieren, wann du Rückschau halten möchtest. Das kann nächste Woche oder in einem Monat sein. Erzähl deinem inneren Papagei, dass er dazu nicht eingeladen ist. Mach das zu einer Gelegenheit, bei der du dich für alle Schritte nur loben darfst.

Coach dich selbst

Was ist dein Ziel? (Sei spezifisch!)

_____

_____

_____

Was hast du davon, dieses Ziel zu erreichen?

_____

_____

_____

Wann willst du es erreicht haben?

(Wenn du zum Beispiel wünschst, offener zu sein, kannst du dir vornehmen, wie offen du zu der Party, die in drei Monaten stattfindet, sein willst.)

_____

_____

_____

2] Lern deine Stopp-Gedanken kennen

Hast du ein Ziel gefunden? Bist du motiviert, es zu erreichen?

Wir alle haben schon Ziele verfehlt. Vielleicht hast du dir einmal vorgenommen, besser aufzuräumen und deine Hausaufgaben pünktlich zu machen. Oder du wolltest offener und weniger schüchtern sein und hattest dann den Eindruck, dass dir das misslingt.

Lass deine Geschichte hinter dir. Was auch immer du in der Vergangenheit versucht hast, es ist vorbei. Die Vergangenheit soll deine Zukunft nicht behindern.

Glaubst du selbst daran, dass du deine Ziele erreichst? Wenn du an dein Ziel denkst, wird dein Papagei sicher wach und schwätzt. Und du denkst dann „Das kann ich nicht", „Ich kann meine Gefühle nicht zeigen", „Ich habe nicht den Mut" oder „Andere werden mich seltsam finden, wenn ich mich verändere". Diese Stopp-Gedanken begleiten dich auf deinem Weg zu einem besseren Leben. Durch deine negativen Gedanken kannst du glauben, ein Opfer zu sein. Es ist besonders hinderlich, wenn du dir leid tust, meinst, dass andere schuld sind, oder hoffst, von anderen gerettet zu werden.

Wenn du dich wie ein Opfer fühlst, musst du diese Rolle aufgeben, um dir nicht selbst ein Bein zu stellen.

Coach dich selbst

Welche Papageiengedanken hindern dich daran, deine Ziele zu erreichen?

_____

_____

_____

Warum machst du es nicht einfach jetzt?

_____

_____

_____

Was befürchtest du, wird geschehen, wenn du dein Ziel erreichst?

_____

_____

_____

Was ist deine größte Angst?

_____

_____

_____

3] Tank auf

Wenn du in deinem Leben etwas erreichen willst, brauchst du Treibstoff. Du weißt sicher, wie sich die Energie anfühlt, die in dir unmittelbar vor den Sommerferien oder einer Reise in ein schönes, warmes Land entsteht. Da hast du dann genügend Treibstoff, um was auch immer zu schaffen, und dein sonst so trister Schulalltag hellt sich auf und vergeht wie im Flug.

Du musst dein Ziel erreichen, weil es sonst bei all den anderen Sachen landet, die du nicht geschafft hast. Finde deine Teenpower und sei zielstrebig. Die nächsten Fragen werden dich dabei unterstützen.

Coach dich selbst

Was würde dir entgehen, würdest du dein Ziel nicht erreichen?

_____

_____

_____

_____

Wie wird dein Leben in einem Jahr aussehen, wenn du dein Ziel nicht erreichst?

_____

_____

_____

Welche inneren Papageiengedanken willst du jetzt loswerden?

_____

_____

_____

Was hast du davon, dein Ziel zu erreichen?

_____

_____

_____

Wie würde das auf dein Leben abfärben?

_____

_____

_____

Wie stolz wirst du auf dich sein? (5 bedeutet sehr stolz) Kreuze an ✕

1 ◯   2 ◯   3 ◯   4 ◯   5 ◯

4] Such nach Gold

Das Wichtigste für die Verfolgung deines Zieles ist, dass du die richtige Einstellung hast. Du hast die Wahl, ob du ein „Ich kann es nicht"- oder ein „Ich schaffe es"-Typ bist. Oder du entscheidest dich, ob du ein „Ich versuche es"- oder „Ich suche das Gold"-Typ bist. Es ist einleuchtend, was das Beste ist.

„Ich schaffe es"-Typ:

Du setzt dich für die Sache ein.
Du findest Lösungen und suchst nach Möglichkeiten.
Du ergreifst die Initiative, damit es gelingt.

„Ich kann es nicht"-Typ:

Du wartest darauf, dass jemand deine Probleme löst.
Du lässt dich von deinen negativen Gedanken umhauen.
Du betrachtest vor allem die Probleme und alles, was sich nicht machen lässt.

„Ich versuche es"-Typ:

Würdest du jemanden heiraten, der beim Antrag fragt „Versuchen wir's?"? Wohl nicht. Es zu versuchen, ist nicht sehr motivierend und gibt dir nicht so viel Treibstoff, wie du brauchst. Du musst zu deinem Ziel stehen und danach streben.

„Ich suche das Gold"-Typ:

Diese Einstellung ist mehr als positiv. Zuerst entschließt du dich dazu, das Gold zu suchen. Du musst deinen inneren Papagei besiegen wollen und das sehen, was du gut machst. Such nach dem, worauf du stolz sein kannst.

Wenn du dir ein Ziel steckst, ist es wichtig, dass du daran glaubst, es erreichen zu können. Es kann dir von Anfang an klar sein, dass es eine Herausforderung ist. Du musst nur wirklich daran glauben, dass es dir gelingen wird. Wenn du gar nicht an dein Ziel glauben kannst, musst du genügend Zeit einplanen oder den Weg zum Ziel in Etappen aufteilen.

Coach dich selbst

Welche Möglichkeiten hast du, wenn du dein Ziel erreicht hast?

_____

_____

_____

Was bedeutet es für deinen Selbstwert?

_____

_____

_____

Erzähl mindestens drei Menschen von deinem Ziel.
Wem erzählst du es?

1 _____

2 _____

3 _____

Wer kann dir dabei helfen, dein Ziel zu erreichen?

_____

_____

_____

5] Ändere deine Gewohnheiten

Ich behaupte, dass du von deinen schlechten Gewohnheiten profitierst! Denk darüber nach. Denk über deine schlechten Gewohnheiten nach. Richten sie deine Gefühlswelt wieder auf? Geben sie dir Sicherheit? Du kennst deine Gewohnheiten. Das zu tun, was man beherrscht, gibt Sicherheit, auch dann, wenn du die Gewohnheit loswerden willst. So manche schlechte Gewohnheit gibt uns Aufmerksamkeit und Anerkennung.

Negative Gewohnheit	Was hast du davon?
Schüchternheit	Du verhinderst, ausgegrenzt zu werden und Fehler zu machen.
Temperament	Du kannst deine eigene Angst, Wut und Anspannung loswerden.
Sarkasmus und Cleverness	Du brauchst deine wirklichen Gefühle nicht zu zeigen.
Zurückhaltung	Du meidest Leistungsdruck und mögliches Scheitern.
Verschlossenheit	Du ziehst keine Aufmerksamkeit auf dich.
Anderes _____	_____

Die kleinen Schritte sind die wichtigsten

Wenn du deine Gewohnheiten ändern möchtest, musst du zuerst herausfinden, warum du diese Gewohnheiten hast. Was hast du von ihnen? Du kannst deine schlechten Angewohnheiten leichter ändern, wenn du sie zuvor analysiert hast.

Wenn du ein altes Muster durchbrechen willst, sind kleine Schritte die besten. Durch deine alten Gewohnheiten hast du Sicherheit gewonnen. Deshalb musst du ein wenig Angst in Kauf nehmen, bevor du die ersten kleinen Schritte machst.

Stell dir vor, dass es dein Ziel ist, deinen neuen Mitschülern im Gymnasium am Montag offener zu begegnen. Wenn du bisher still und schüchtern warst, kannst du dir nicht als Ziel setzen, am Montagmorgen die Tür einzutreten und laut Hallo zu schreien! Stattdessen setzt du dir ein SMART-Ziel, das realisierbar ist. Beginn damit, dich aufzurichten, anderen in die Augen zu schauen, zu lächeln und etwas deutlicher zu sprechen, als du es gewohnt bist. Das sind gute, kleine Schritte. Das nächste Ziel, das du dir steckst, ist zum Beispiel, jemanden kennenzulernen, Hallo zu sagen und ein Gespräch mit der Person zu führen. Du bist auf dem richtigen Weg.

Coach dich selbst

Welche schlechte Gewohnheit hindert dich daran, dein Ziel zu erreichen?

_____

_____

_____

Was hast du von dieser Gewohnheit? Kreuze an X

- ○ Geborgenheit
- ○ Sicherheit
- ○ Aufmerksamkeit
- ○ Ablehnung wird vermieden
- ○ Fehler werden vermieden
- ○ Ich muss keine Gefühle zeigen
- ○ Zwei Minuten Ruhe und Frieden
- ○ Ich fühle mich klein und werde von anderen gerettet
- ○ Anerkennung
- ○ Anderes? _____

Was musst du bereits heute und morgen in der Schule tun, um deine Gewohnheit zu ändern? Finde drei Dinge:

1 _____

2 _____

3 _____

Versuch dein Glück und spür deine Teenpower

Wenn du weißt, wie du dir erreichbare Ziele setzen kannst, liegt alles Weitere in deinen Händen. Es hebt dich niemand aus deiner Geborgenheitszone. Du musst sie selbst verlassen.

Wenn du den Teufelskreis durchbrechen willst, musst du etwas riskieren. Bevor du das aber tust, muss dir klar sein, wie deine Chancen stehen. Vielleicht kannst du wieder die kleinen Schritte von vorhin verwenden.

Die Mutzone (siehe weiter unten) hilft dir, wenn du dich von etwas gestoppt fühlst. Du kannst sie auch deinen Freunden anbieten, wenn sie vor etwas Angst haben.

1 Zeichne zwei Kreise ineinander (oder verwende die Zeichnung unten). Der kleine in der Mitte stellt deine Geborgenheitszone dar, der größere außen deine Mutzone.

2 In den kleinen Kreis schreibst du, was du tust, wenn du ein Angsthase bist und in deiner Geborgenheitszone bleibst. Was machst und denkst du drinnen?

3 Außerhalb des kleinen Kreises schreibst du auf, welche kleinen Schritte du machen kannst.

4 Die größeren Schritte schreibst du in den äußeren Bereich der Mutzone.

Glückwunsch!
Du hast es geschafft.
Du hast jetzt viel
darüber gelernt, wie du
Coaching einsetzen kannst. Jetzt musst du
üben – und noch ein bisschen mehr üben.
So wie du bist, mit diesem Buch und seinen
Werkzeugen in der Hand, kannst du den Mond
erreichen! **Starte durch!**

Leb dein Teenagerleben
mit Teenpower

Du liest gerade das letzte Kapitel. Ich hoffe, dass dieses Buch einen Anfang in deiner weiteren Entwicklung darstellt. Jeder Tag ist ein neuer Anfang. Je mehr du mit deiner Vergangenheit und deinen alten Gedanken aufräumst, desto größer wird deine Zukunft. Denk daran, dass heute ein guter Tag ist, mit alten Gewohnheiten zu brechen.

Was hast du durch dieses Buch über dich gelernt?

_____

_____

_____

_____

_____

Was willst du jetzt in deinem Leben ändern?

_____

_____

_____

_____

_____

Wie kannst du zu dir selbst stehen und dein Selbstwertgefühl stärken?

_____

_____

_____

_____

_____

Wen kannst du darin unterstützen, mehr Teenpower zu bekommen?

_____

_____

_____

_____

_____

Möchtest du einem anderen helfen, dann kannst du sein Mentor werden, wenn er Unterstützung braucht. Weiters besteht für dich und andere die Möglichkeit, an Teenpower-Kursen in deiner Umgebung teilzunehmen. Dort kannst du das, was du hier im Buch gelernt hast, in einer Gruppe von Teenagern üben und vertiefen. Du wirst in dem Kurs von einem Teenager-Coach begleitet und es ist Raum für all deine Fragen oder andere Anliegen, die hier nicht Thema waren oder nach dem Lesen aufgetaucht sind. Mehr Informationen zu diesen Kursen findest du auf

- **www.familylab.at** - für Österreich
- **www.familylab.ch** - für die Schweiz
- **www.familylab.de** - für Deutschland.

Für alle, die Dänisch sprechen, gibt es mehr Infos und zahlreiche Angebote auf der Website der Autorin: www.hverdagenshelte.com.

Wie kannst du Spaß haben und gleichzeitig mehr Power bekommen?

- Es soll Freude machen, mehr Power zu bekommen.
- Notiere, was du jeden Tag tust, damit du deinen Erfolg bemerkst.
- Lass deiner Fantasie freien Lauf und schreib, zeichne und kleb Fotos auf ein Plakat, was in deinem nächsten Jahr, deinem Traumjahr, passieren soll.
- Belohne dich, wenn du etwas Mutiges getan hast. Iss etwas Leckeres oder mach dir ein Geschenk.
- Miss deine Power. Befestige eine Messlatte auf der Rückseite deiner Tür. Jede mutige Tat in deinem Alltag kannst du hier mit einem dicken roten Strich markieren.
- Dreh Musik auf, die dich in gute Stimmung bringt, wenn du dich selbst coachst und deine Ziele in dein Notizbuch schreibst.
- Mach ein Angeberbuch, das dein positives Tagebuch wird. In dieses schreibst du täglich mindestens ein positives Erlebnis.
- Geh mit deinen Freunden zu Lachfesten. Schau auf www.lachyoga.com.
- Mach eine Fotocollage mit Bildern, die dich inspirieren. Eine mit glücklichen Menschen, die jubeln, mit schönen Sandstränden oder …
- Sei dein eigener Held. Jeden Tag. Denn das bist du.

Sei dein eigener Entdeckungsreisender

Es war fantastisch, dieses Buch für dich zu schreiben. Ich hoffe, dass es eine Inspirationsquelle für dich war. Wenn du diese Worte liest, weiß ich, dass du dranbleibst und hoffentlich viel Neues über dich gelernt hast.

Ich hoffe, dass du Lust bekommen hast, Dinge zu ändern, und dass du deine gute Entwicklung fortsetzen wirst. Wenn du dein eigener Entdecker wirst, wird dein Leben dann nicht ein spannendes Abenteuer? Stell dir vor, was du von dir selbst lernen kannst und was dich an neuen Abenteuern erwartet.

Du brauchst nicht allein zu reisen. Teile die Reisen mit anderen. Sei offen in schwierigen Dingen und lern herzuzeigen, was du gerne machst.

Das Dümmste, was du machen kannst, ist, ungeduldig zu werden. Nimm es mit der Ruhe. Glaub daran, dass alles gut wird. Als Teenager hörst du sicher oft „Wenn du erwachsen wirst ..." Man bittet dich vielleicht darum, selbstständiger, verantwortungsvoller und reifer zu werden. Das empfindest du möglicherweise als Druck. Wenn du dann älter geworden bist, möchtest du sicher gerne wieder jung sein.

Teenager zu sein ist total cool. Du hast genau das richtige Alter. Deine Zeit als Erwachsener ist viel länger als deine Teenagerzeit.

Genieße also diese Jahre ...

Dank

Viele wunderbare Menschen haben zur Entstehung dieses Buches beigetragen. Sehr viel Inspiration habe ich von euch Jugendlichen bekommen, die ich gecoacht habe, und von euch, die am Teenpower-Kurs teilgenommen haben. Jeder von euch hat mich hinter seine Maske sehen lassen und mir gezeigt, wie es heute ist, Teenager zu sein. Vielen Dank!

Ich will mich bei vielen bedanken und hoffe, niemanden zu vergessen. Sonst bitte ich um Entschuldigung. Thomas, mein lieber Mann, hat mich in dieser Zeit begleitet. Er hat alles getan, damit ich schreiben konnte, und hat mich mit tollen Ideen und Aufmunterung unterstützt. Das Schreiben dieses Buches ist spannend, aber zeitweise auch anstrengend gewesen, weil ich gleichzeitig das Buch *Hverdagens Helte* geschrieben habe (dieses Buch ist bisher noch nicht auf deutsch erschienen). Ich habe auch andere Aufgaben im Leben, zum Beispiel bin ich Mutter. An alle, die zu kurz gekommen sind: Danke für die Geduld.

Danke an meine wunderbare, schräge Freundin Sisse für das Coaching, die Unterstützung, die Planung und den Glauben daran, dass ich es schaffe.

Pernille, danke für alles, was ich bei dir und in meiner Mindjuice-Coachingausbildung gelernt habe. Ohne dieses Wissen und deine Unterstützung wäre ich nicht so inspiriert gewesen. Dank an Stine für deine Geduld beim Durchlesen und für deine jungen Augen, die es mir erleichtert haben, dieses Buch für deine Altersgruppe passend zu schreiben. Und danke für dein Vertrauen in den letzten Jahren.

Und Dank an Anne, meine wunderbare Partnerin in Hverdagens Helte (siehe www.hverdagenshelte.com), die einfach an mich glaubt und mit ihrem scharfen Blick für das Geschriebene eine Hilfe war. Und an meine Kinder, die mir immer zeigen, was ich zu lernen habe, und mich mit ihrer Offenheit jeden Tag inspirieren, das Beste zu geben. Dank an meine Kindheitsfreundin Helle, die an meinem Leben immer teilnimmt, an meine wunderbare Familie, meine wunderbare „Familiengruppe" im Kempler Institut Skandinavien und an all die Schriftsteller, die mir Inspiration gegeben haben.

Und natürlich an meine Redakteurin Nina, die die Idee für dieses Buch hatte. Danke für dein gutes, konstruktives und liebevolles Feedback.

Literatur

Butler, Gillian: Schüchtern - na und? Selbstsicherheit gewinnen. Huber, 2002

Byrne, Rhonda: The Secret - das Geheimnis. Goldmann, 2007

Carlson, Richard: Don't Sweat the Small Stuff for Teens. Hyperion Books, 2002

Carlson, Richard: Easier Than You Think - Because life doesn't have to be so hard: The small changes that add up to a world of difference. HarperOne, 2005

Covey, Sean: The 7 Habits of Highly Effective Teens. Simon&Schuster, 1999

Fennel, Melanie: Anleitung zur Selbstachtung - Lernen, sich selbst der beste Freund zu sein. Huber, 2005

Gabor, Don: How to Start a Conversation and Make Friends. Simon&Schuster, 2000

Hammer, Dean u. Copland, Peter: Living with Our Genes. Anchor Books, 1999

Harrold, Fiona: Be Your Own Life Coach. Coronet, 2000

Hay, Louise L.: Du kannst es! Durch Gedankenkraft die Illusion der Begrenztheit überwinden. Integral, 2003

Hay, Louise L.: Power Thoughts for Teens. Hay House, 2005

Jeffers, Susan: End The Struggle and Dance with Life - How to Build Yourself Up When the World Gets You Down. Hodder Mobius, 1996

Jeffers, Susan: Selbstvertrauen gewinnen - die Angst vor der Angst verlieren. Kösel, 2003

Juul, Jesper u. Jensen, Helle: Vom Gehorsam zur Verantwortung. Beltz, 2009

Juul, Jesper: Pubertät - Wenn Erziehen nicht mehr geht. Kösel, 2010

Katie, Byron u. Katz, Michael: Ich brauche deine Liebe - stimmt das? Liebe finden, ohne danach zu suchen. Goldmann, 2005

Laney, Marti Olsen: Introvert Advantage - How to Thrive in an Extrovert World. Workman Pub., 2002

Peirce, Penney: The Intuitive Way - A Guide to Living from Inner Wisdom. Beyond Words Pub., 1997

Riso, Don Richard u. Hudson, Russ: Die Weisheit des Enneagramms - Entdecken Sie Ihren inneren Reichtum. Goldmann, 2000

Robbins, Anthony: Grenzenlose Energie - Das Power-Prinzip. Heyne, 1998

Rosenberg, Marshall B.: Gewaltfreie Kommunikation - Eine Sprache des Lebens. Junfermann, 2007

Stallard, Paul: Think Good - Feel Good - A Cognitive Behaviour Therapy Workbook for Children and Young People. John Wiley&Sons, 2002

Thomsen, Per Hove: From Thoughts to Obsessions - Obsessive Compulsive Disorders in Children and Adolescents. Jessica Kingsley, 1999

Anmerkung des Verlages: Wir haben uns hier bemüht, für die im dänischen Original angeführten Bücher jeweils deutsch- oder englischsprachige Übersetzungen anzugeben. Die vollständige Originalliste findest du als PDF-Download auf
www.rgverlag.com/tp-literatur